새 연세한국어 어휘와 문법 6-2

연세대학교 한국어학당 편

연세대학교 출판문화원

머리말

연세대학교 한국어학당은 1959년에 설립된 한국 최초의 외국어로서의 한국어 교육 기관이다. 연세대학교 한국어학당은 그간의 역사와 명성에 걸맞게 다양한 한국어 교재 편찬 및 관련 연구를 해옴으로써 한국어 교육을 선도해 왔다. 지금까지 전 세계에서 온 약 150여 개국의 17만여 명에 이르는 한국어 학습자에게 한국어와 한국 문화를 가르쳐 왔으며, 최근에는 빠른 속도로 변화해 가는 교육 환경에 맞추어 오프라인 한국어 교육뿐만 아니라 온라인 한국어 교육 콘텐츠 개발에도 노력을 기울이고 있다. 이미 세계 각국의 한국어 학습자를 대상으로 글로벌 온라인 대중 공개 강좌(MOOC)를 개설하여 학습자들로부터 큰 호응을 얻었고 연세대학교 온라인 교육 혁신 플랫폼인 런어스(LearnUs)에도 최신 기술을 활용한 한국어 콘텐츠를 올려서 학습자들을 만나는 중이다.

연세대학교 한국어학당은 그간 일반 목적 한국어 학습자들뿐만 아니라 특수 목적 한국어 학습자들을 대상으로 정규과정, 단기과정, 대학 한국어 과정 등 다양한 교육과정을 개설 운영하면서 학습자의 요구에 부응하는 최상의 교재를 개발해 왔다. 이러한 교재들은 국내외의 한국어 교육 기관에서 교사와 학습자들의 다양한 요구를 충족시키며 양질의 한국어 교수·학습을 위해 널리 사용되고 있다.

연세대학교 한국어학당은 그간 가장 큰 호응을 받아 왔던 '연세한국어' 1급~6급의 뒤를 이을 새로운 교재로 '새 연세한국어' 시리즈를 기획 출간하게 되었다. 이 교재의 개발을 위해 한국어 교육 현장 경험이 풍부한 전문 한국어 교육학자 및 교사들이 대거 투입되었고 최상의 한국어 교수법 및 학습자 집단의 요구에 대한 이해를 바탕으로 개발 작업이 장기간에 걸쳐 수행되었다.

이번에 출간된 '새 연세한국어' 시리즈는 총 6단계로 각 단계마다 어휘와 문법 교재, 말하기와 쓰기 교재, 듣기와 읽기 교재로 구성되어 있다. '새 연세한국어 어휘와 문법'은 한국어 학습자들이 각 숙달도별로 가장 필수적으로 익혀야 하는 주요 어휘와 문법에 대한 이해와 활용을 중심으로 구성되었다. '새 연세한국어 말하기와 쓰기'는 원활한 한국어 의사소통을 위해 꼭 필요한 표현 기능을 수행할 수 있도록 말하기, 쓰기 과제를 중심으로 구성되었다. 또한 '새 연세한국어 듣기와 읽기'는 듣기, 읽기 과제를 중심으로 각 급별 숙달도에 적절한 이해 능력을 함양시킬 수 있도록 구성되었다. 이 세 권의 교재는 어휘·문법, 표현, 이해 능력의 고른 발달을 위해 패키지로 함께 사용될 수도 있고, 교육 현장 여건이나 학습자의 요구에 따라 별도로 사용될 수도 있다. 또한 어휘와 문법 교재의 경우 별도의 지침서가 무료로 제공되므로 교육 경험이 다소 부족한 국내외의 한국어 교사들에게 유용한 길잡이가 될 수 있을 것이다.

연세대학교 한국어학당은 앞으로도 전 세계의 한국어 학습자들의 요구와 기대에 부응하는 교재 개발을 위해 최선을 다할 것이다. 아울러 본 교재가 국내외에서 한국어 교육을 위해 노력을 아끼지 않는 많은 교사와 한국어 학습을 위해 노력하는 모든 학습자들에게 크게 도움이 되기를 바란다.

연세대학교 언어연구교육원

한국어학당 교재편찬위원회

일러두기

교재 전체 구성

- 총 20개의 과로 각 과는 두 개의 소단원으로 이루어짐.
- 과별로 복습 문제가 수록되어 있고 소단원별로 연습 문제가 수록됨.
  (복습 문제는 각 과에 수록되어 있고 연습 문제는 부록에 수록됨.)
- **대화**: 학습 목표 어휘와 문법이 사용된 예시문으로 일상 대화, 토론, 대담, 인터뷰, 뉴스, 강연 등 다양한 자료가 수록됨.
- **어휘**: 해당 과의 주제와 관련이 있거나 6급에서 학습해야 할 어휘와 표현을 확장하여 제시함.
- **문법**: 소단원마다 한 개의 문법 항목을 제시하여 한 과에 총 두 개의 문법 항목이 있음.
- **복습 문제**: 각 과 전체(두 개의 소단원)의 어휘와 문법을 확인하고 학습할 수 있도록 함.
- **연습 문제**: 소단원별로 배운 어휘와 문법을 연습할 수 있도록 부록으로 첨부함.
- **답안**: 모범 답안(교재)과 연습 문제 답안을 제시하여 혼자 연습하는 학습자의 경우에도 도움을 받을 수 있도록 함.
- **색인**: 어휘 색인과 문법 색인에는 각 과에서 다루어진 어휘와 문법을 가나다 순으로 정리하여 제시함.

세부 내용 구성

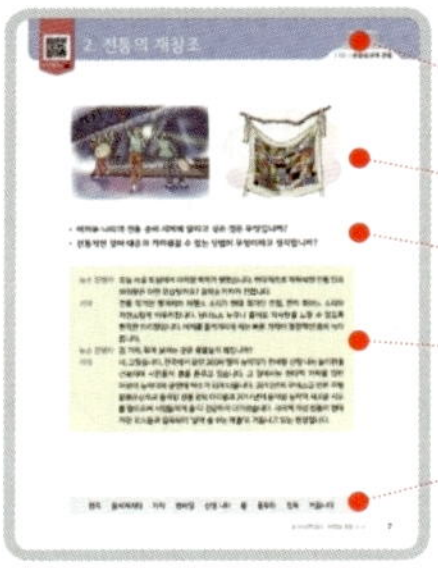

- **소단원 제목**: 주제를 잘 드러낼 수 있는 명사구로 제목을 제시함.
- **도입 삽화**: 소단원의 주제나 대화 내용과 관계가 있는 시각 자료를 제시함.
- **도입 질문**: 소단원의 주제나 대화 내용과 관계가 있는 질문을 제시함.
- **대화**: 대화, 강연 등 다양한 형식의 자료로 이루어짐.
- **대화 어휘**: 대화를 이해하기 위해서 알아야 할 어휘를 제시함.

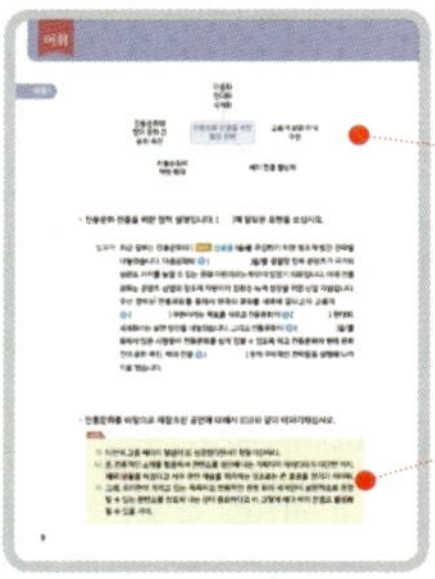

- **어휘 1**: 소단원의 주제와 관련이 있는 어휘와 표현을 제시함. 의미망을 중심으로 어휘와 표현을 제시하여 학습자들이 의미를 쉽게 유추하여 이해할 수 있도록 함.
- **연습**: 어휘의 의미를 맥락 안에서 확인하고 연습할 수 있도록 함.

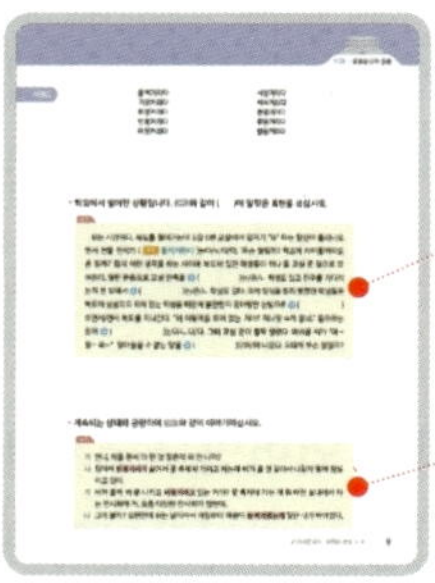

- **어휘 2**: 형태적으로 확장이 가능한 어휘장을 중심으로 어휘와 표현을 제시함. 속담, 관용어, 한자 성어 등은 의미적, 형태적으로 관계가 있는 표현들을 함께 제시함.
- **연습**: 어휘의 의미를 맥락 안에서 확인하고 연습할 수 있도록 함.

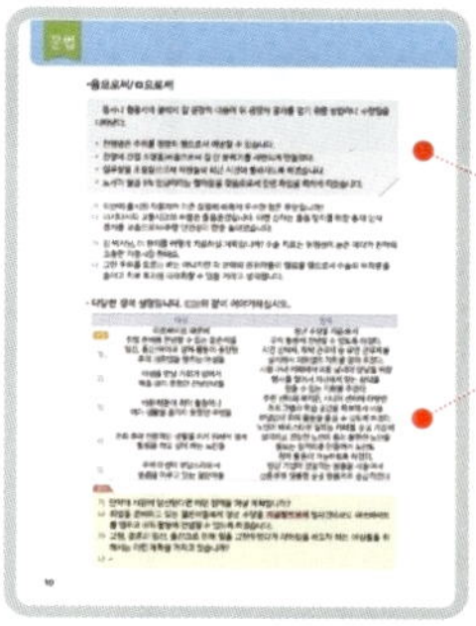

- **문법:** 소단원의 학습 목표 문법을 제시함.
- **연습:** 소단원의 주제에서 벗어나 목표 문법을 활용할 수 있는 다양한 상황을 제시하여 학습자들이 목표 문법의 쓰임을 익히도록 함.

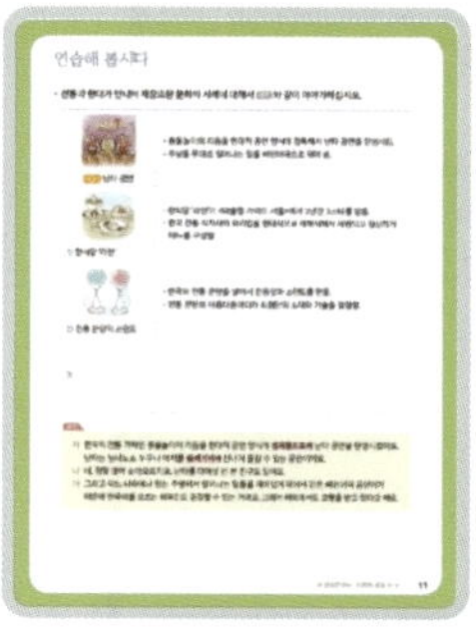

- **연습해 봅시다**
  소단원의 주제와 관련된 상황에서 목표 문법과 어휘를 모두 활용해 볼 수 있도록 함.

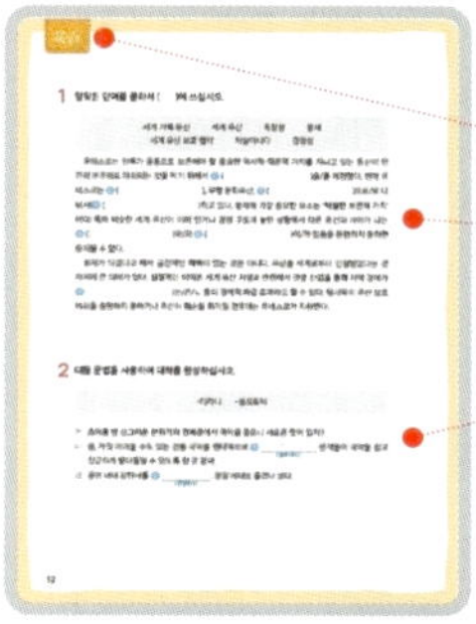

- **복습:** 각 과 전체의 어휘와 문법을 확인하고 학습할 수 있도록 함.
- **1번:** 각 과의 대화 어휘와 어휘1, 어휘2를 모두 아우르는 문제로 산문체의 맥락에서 목표 어휘의 의미를 확인하고 복습할 수 있도록 함.
- **2번:** 각 과에서 제시된 두 개의 문법을 모두 아우르는 문제로 대화 형식의 맥락에서 목표 문법을 사용하여 연습하도록 함.

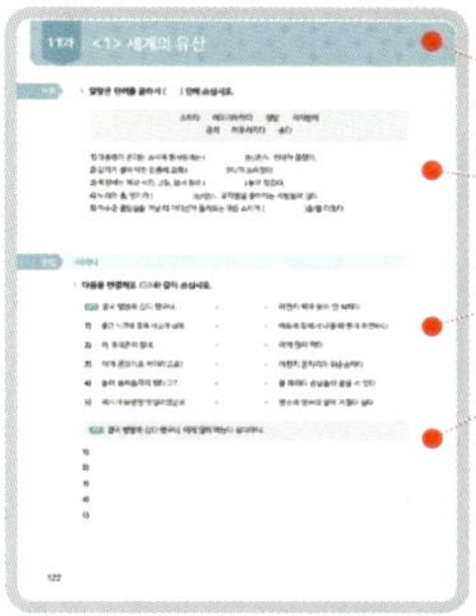

- **연습 문제:** 소단원별로 학습한 어휘와 문법을 연습할 수 있도록 함.
- **어휘:** 각 소단원의 대화 어휘와 어휘1, 어휘2에서 제시된 어휘를 연습함.
- **문법:** 각 소단원의 목표 문법을 연습함.
- **1번:** 두 문장을 연결하여 한 문장으로 쓰기, 문장 바꾸기 등의 단순한 연습으로 이루어짐.
- **2번:** 대화 형식의 맥락 안에서 목표 문법을 사용하는 연습으로 이루어짐.

단원 구성

과	소단원	문법	대화 어휘	확장 어휘
11과 문화유산과 전통	1. 세계의 유산	-더라니	운치, 첨탑, 솟다, 스치다, 어우러지다, 뾰족하다, 어마어마하다, 가지런히	보류, 복합 유산, 세계 기록 유산, 세계 유산, 세계 유산 보호 협약, 자문, 되뇌다, 되돌리다, 되묻다, 되새기다, 되짚다
	2. 전통의 재창조	-음으로써	가락, 접목, 흥, 거듭나다, 돋우다, 들썩거리다, 편곡하다, 한바탕, 신명 나다	구현, 대중화, 융화, 저변 확대, 진흥, 촉진, 해외 진출, 현대화, 기웃거리다, 서성거리다, 씩씩거리다, 휘청거리다
12과 기후와 계절	1. 한국의 기후	-는 까닭에	강우량, 고온, 온난 습윤 기후, 수확량, 위도, 재배, 최적, 한랭, 다습하다, 비옥하다	거래량, 높새바람, 북태평양 고기압, 보유량, 사용량, 삼한사온, 서리, 수확량, 입춘, 적설량, 집중 호우, 하지, 청명하다
	2. 기후 변화	-으려니	기후 변화, 불볕더위, 배출, 열사병, 예견, 재해, 폭염, 대처하다, 말미암다, 속출하다	예언, 예행, 이상 고온 현상, 이상 저온 현상, 해일, 혹한
13과 현대 사회와 미래 사회	1. 현대 사회와 인간	-는 탓에	근시안, 안전망, 소외되다, 미흡하다, 빈번하다, 비일비재하다	낙오자, 무한, 미납, 미달, 미비, 미취학, 부재, 존엄성, 고립되다, 각박하다, 삭막하다
	2. 미래 사회의 모습	이중부정	멸종, 비극, 제각기, 상반되다, 진화하다, 부시다, 암울하다	교화, 번성, 분열, 붕괴, 순화, 절감, 정화, 퇴화
14과 한국인의 정서와 사상	1. 한국의 전통 윤리	-겠거니 하다	경천애인, 도의, 선비, 안목, 공경하다, 정진하다, 항거하다, 고리타분하다, 고스란히	강제력, 경시, 공권력, 사고력, 상실, 소외, 순발력, 인본주의, 잠재력, 지구력, 파괴력, 폄하, 풍조, 피상적, 확립, 황금만능주의
	2. 현대인의 가치관	-을 바에야	좌우명, 얽매이다, 연연하다, 과감히, 모조리, 떠다니다, 정립하다, 길잡이가 되다	소신, 지표, 공감하다, 떠내려가다, 떠넘기다, 떠돌아다니다, 떠맡다, 떠밀다, 떠안다, 느슨하다, 주체적이다, 거리낌 없이, 거침없이

과	소단원	문법	대화 어휘	확장 어휘
15과 예술과 문화	1. 창조와 예술	이자	영감, 해부, 창조성, 구현하다, 설계하다, 아우르다, 회자되다, 과감하다	해명, 해이, 해임, 간결하다, 감미롭다, 기묘하다, 단조롭다, 대담하다, 화사하다, 황홀하다
	2. 현대 사회와 문화 콘텐츠	이야말로	문화, 일상사, 콘텐츠, 타, 교감하다, 누비다, 불러일으키다, 사로잡다, 친숙하다	대리 만족, 선풍적, 쇄도, 파급력, 협업, 걷잡다, 마주잡다, 어림잡다, 줄잡다, 흠잡다
16과 남북의 현실	1. 언어의 이질성	-기 일쑤이다	새터민, 이질화, 적재적소, 동화되다, 분단되다, 심화되다, 무안하다, 생소하다	개정, 남용, 막상막하, 모색, 발족, 설왕설래, 실태, 왈가왈부, 자화자찬, 장벽, 직속, 통합, 호형호제
	2. 분단과 통일	-으련만	국토, 이산가족, 통일 비용, 감당하다, 상봉하다, 염원하다, 뭉클하다, 무수히	번영, 보유, 선언, 왕래, 제재, 창출, 체결, 포용, 협정, 회담, 가지런히, 각별히, 공연히, 은근히, 톡톡히
17과 인간과 환경	1. 환경 오염과 보호	-었던들	대기 오염, 정화, 간과하다, 공존하다, 방출하다, 불러일으키다, 촉구하다	경계심, 노파심, 삼림, 수질 오염, 온실 효과, 의구심, 토양 오염, 황폐화
	2. 환경 문제와 자원	-는답시고	고갈, 신소재, 이목, 터전, 현안, 직면하다	수력, 지열, 풍력, 건너다보다, 넘겨다보다, 넘어다보다, 돌아다보다, 바라다보다
18과 한국의 문학과 예술	1. 한국 문학의 이해	하게체	갈래, 본질, 심혈, 통시적, 시달리다, 집필하다, 거창하다	구비 문학, 본격화하다, 저항하다, 전승하다, 창작하다, 풍자하다, 형상화하다, 감각적이다, 해학적이다, 가지 많은 나무에 바람 잘 날 없다, 개천에서 용 났다, 달면 삼키고 쓰면 뱉는다, 송충이는 솔잎을 먹어야 산다, 잘 자랄 나무는 떡잎부터 알아본다, 중이 제 머리 못 깎는다
	2. 한국 미술의 이해	-는다는 듯이	도회적, 섬세하다, 소탈하다, 예리하다, 익살스럽다, 재치 있다	지평, 남아나다, 밀려나다, 불어나다, 솟아나다, 우러나다, 귀족적이다, 온화하다, 정교하다, 추상적이다, 패기 있다

단원 구성

과	소단원	문법	대화 어휘	확장 어휘
19과 세계와 경제	1. 세계 속의 기업	-는 듯싶다	다국적 기업, 자국민, 절세, 구태의연하다, 유치하다, 그나저나	국내 총생산, 유입, 철수, 가물가물하다, 기웃기웃하다, 시시콜콜하다, 울렁울렁하다, 버글버글하다
	2. 무역 협정과 세계	-은 이래	규약, 분쟁, 상호, 세계 무역 기구, 양면성, 장치, 추후, 부과하다	관세, 무역 수지, 배후, 선후, 세후, 조정, 최후, 흑자
20과 과학과 미래	1. 첨단 과학과 생활	-는다고 치다	기지, 발상, 탐사, 행성, 도래하다, 기발하다, 열을 올리다	나노, 인공 지능, 획, 누그러들다, 모여들다, 밀려들다, 스며들다, 움츠러들다, 이바지하다,
	2. 융합의 시대	-을 법하다	독자적, 비약적, 시행착오, 융합, 실용화하다	공학, 구현, 사회 과학, 설계, 예술학, 외관, 인문학, 자연 과학, 거추장스럽다, 곤혹스럽다, 먹음직스럽다, 번잡스럽다

차례

등장인물 | Main characters

에릭 파커
- 미국
- 어학당 학생
- 한국전자 직원

존 카마우
- 케냐
- 어학당 학생
- 교환학생

사토 유키
- 일본
- 어학당 학생
- 기자

리타오
- 중국
- 어학당 학생
- 대학 입학 예정자

노라 한슨
- 노르웨이
- 어학당 학생
- 대학원 입학 예정자

최주앙
- 브라질
- 어학당 학생
- 대학 휴학생

응웬 흐엉
- 베트남
- 어학당 학생

레오 마르탱
- 프랑스
- 어학당 학생
- 요리사

올리비아 스미스
- 호주
- 어학당 학생
- 외교관

이윤아
- 한국
- 대학생

정하늘
- 한국
- 대학생

김우진
- 한국
- 한국전자 직원

11과

문화유산과 전통

01 세계의 유산

대화 어휘 운치, 첨탑, 솟다, 스치다, 어우러지다, 뾰족하다, 어마어마하다, 가지런히

확장 어휘 보류, 복합 유산, 세계 기록 유산, 세계 유산, 세계 유산 보호 협약, 자문, 되뇌다, 되돌리다, 되묻다, 되새기다, 되짚다

문법 -더라니

02 전통의 재창조

대화 어휘 가락, 접목, 흥, 거듭나다, 돋우다, 들썩거리다, 편곡하다, 한바탕, 신명 나다

확장 어휘 구현, 대중화, 융화, 저변 확대, 진흥, 촉진, 해외 진출, 현대화, 기웃거리다, 서성거리다, 씩씩거리다, 휘청거리다

문법 -음으로써

MP3 / 21

1. 세계의 유산

- 여러분이 알고 있는 세계 유산은 무엇입니까?
- 그것이 왜 세계 유산으로 지정되었다고 생각합니까?

정하늘 어제 어마어마한 인파가 모여서 합창을 하는 장면이 TV 뉴스에 나왔어요. 에스토니아의 수도인 탈린에서 5년에 한 번씩 열리는 합창 축제인데 세계 무형 문화유산으로 지정되었대요.

이윤아 나도 그 장면을 스치듯이 봤어. 어쩐지 주변 건축물들이 낯이 익더라니. 재작년에 친구들과 에스토니아에 갔을 때 탈린에서 머물렀는데 그런 축제가 있다는 말을 들었던 것 같아.

정하늘 탈린의 구시가지 전체가 유네스코 세계 문화유산에 등재되었다던데 그곳이 그렇게 대단한가요?

이윤아 시가지 전체가 중세를 되살려 놓은 느낌이야. 여기저기 뾰족하게 솟아 오른 교회의 첨탑들과 그 아래에 가지런히 놓인 붉은색 지붕들이 중세의 운치를 그대로 간직하고 있어. 마치 핏줄처럼 도시 곳곳을 연결하는 골목들과 돌로 만든 길이 잘 어우러져 있는 것을 보면 왜 그곳이 세계 문화유산으로 지정되었는지 알 수 있어.

어마어마하다 스치다 뾰족하다 솟다 첨탑 가지런히 운치 어우러지다

어휘 1

세계 유산	유네스코와 유산	심사
- 문화유산 - 자연 유산 - 복합 유산 무형 문화유산 세계 기록 유산	탁월한 보편적 가치 독창성 진정성	자문 등재 보류 반려

• 세계 유산에 대해서 설명하는 글입니다. (   )에 알맞은 표현을 쓰십시오.

세계 유산이란 전 인류가 공동으로 보호해야 할 중요한 가치를 지닌 유산을 말한다. 세계 유산은 그 특징에 따라서 동굴, 건축물, 조각 등과 같은 (보기 문화유산과)~~와/과~~ 인류가 보존해야 할 자연이나 동식물의 서식지인 ① (   ), 그리고 문화유산과 자연 유산의 특징을 함께 가지고 있는 복합 유산으로 구분할 수 있다. 유네스코는 1972년에 채택된 세계 유산 보호 협약에 따라 탁월한 가치가 있는 유산을 세계 유산 목록에 올리는 등재 제도를 시행하고 있다. 세계 유산 ② (   ) 여부의 평가는 자문 기구에서 전문가를 파견하여 현지 조사를 실시하고 자문 기구 회의를 통해서 결정한다. 평가 의견은 등재, 보류, 반려, 등재 불가의 4가지이다. 세계 유산으로 등재되는 데에 가장 중요한 요소는 '탁월한 보편적 가치'이다. 이를 위해서 다른 유산과 확연히 차이가 나는 ③ (   )와/과 특이성이 있어야 하고 해당 유산이 만들어질 당시의 정신적인 가치와 원형을 보전하려는 정성, 즉 ④ (   )이/가 확보되어야 한다.

• 유네스코에 등재된 세계 유산에 대해서 보기 와 같이 이야기하십시오.

보기

후배 지난번에 답사 여행을 갔던 도산서원이 유네스코 **세계 유산**으로 **등재** 판정을 받았대요.

선배 참 자랑스럽다. '한국의 서원'이 세계에서 **탁월한 보편적 가치**와 **독창성**, **진정성**을 인정받은 것이네.

후배 네, '한국의 서원'은 원형 터에 자연환경이 조화를 이루고 잘 보전되어 있다는 점에서 완전성도 뛰어나다는 평가를 받았어요. 그래서 등재 신청을 했던 9개 서원이 모두 등재 판정을 받은 것이고요.

어휘2

되살리다	되돌아보다
되살아나다	되뇌다
되찾다	되묻다
되돌아오다	되돌리다

• 농촌 지역에 있는 한 초등학교에 대한 소개입니다. (   )에 알맞은 표현을 쓰십시오.

기자 학생 수가 급격히 줄어서 폐교의 위기에 처한 농촌 지역의 초등학교가 체험 활동 프로그램을 운영하여 도시 아이들을 유치하면서 (보기 되살아나)고 있습니다. 학교를 ① (   )기 위해서 선생님들과 마을 사람들이 함께 애쓴 결과입니다. 아이의 교육을 위해서 마을을 떠났던 가족들이 이 소식을 듣고 하나 둘씩 ② (   )으면서/면서 마을에 다시 활기를 불어넣고 있습니다. 아이들이 직접 벼를 키우고 학교 텃밭에는 토마토와 배추, 고구마를 심습니다. 이런 자연 친화적인 활동을 하다 보면 도시에서 심신이 지쳐 있던 아이들이 금세 생기를 ③ (   )습니다/ㅂ니다. 학부모들이나 다른 어른들을 위한 프로그램도 있습니다. 마을을 감싸고 있는 강을 따라서 가볍게 걸을 수 있는 둘레길 걷기 체험을 통해서 지금까지 살아온 자신의 삶을 ④ (   )고 자신이 잘 살고 있는지 스스로에게 ⑤ (   )으면서/면서 사색하는 시간을 가질 수 있습니다.

• 다시 하는 동작이나 되풀이하는 상황에 대해서 보기 와 같이 이야기하십시오.

보기

가 아침 뉴스에서 봤는데 고등학생이 빈집털이범을 추격해 도난품을 **되찾아서** 주인에게 **되돌려** 주었대요.

나 대단하네요. 어떻게 도둑이라는 걸 알았을까요? 다치지는 않았대요?

가 그 학생이 버스를 기다리다가 지갑을 안 가지고 온 걸 알았대요. 그래서 지갑을 가지러 집으로 **되돌아가는데** 한 남자가 어느 집에서 나와서 허둥지둥 뛰어가더래요. 그걸 수상하게 여기고 도둑이다 싶어서 따라가서 잡았대요.

-더라니

동사나 형용사에 붙어서 과거에 어떤 일을 보거나 들으면서 어떤 결과가 있으리라고 예측했는데 그 예측대로 되었음을 나타낸다.

- 영수가 면접시험에서 떨어졌대요. 어쩐지 표정이 안 좋더라니.
- 눈이 빨개졌네. 아까 손도 씻지 않고 계속 눈을 만지더라니.
- 소문만 믿고 주식을 사더라니. 투자금을 3000만 원이나 날렸다고?
- 그렇지 않아도 어제 노래방에서 너무 소리를 지르더라니. 목이 완전히 잠겼구나.

가 바닷가에 조성된 방풍림에 불이 나서 2, 30년 된 소나무들이 거의 다 타 버렸대요. 아직도 불씨가 남아 있는 상태고요.
나 쯧쯧, 관리가 너무 허술하더라니. 지난번에 여행 갔을 때 보니까 그 넓은 소나무 숲에 관리자가 한 명밖에 안 보이더라고요.

가 우리 연구실의 리오 씨 알지요? 잠도 제대로 못 자고 밤낮없이 실험실에서 살다시피 하더니 로봇 대회에서 1등을 했어요.
나 아, 리오 씨요? 저도 알아요. 언젠가 큰일을 하겠더라니, 고진감래네요.

- 김영수 씨가 건강 검진 결과를 확인하러 병원에 다녀왔습니다. 보기와 같이 이야기하십시오.

	진단 결과	어머니가 본 영수의 모습
보기	안구 건조증이 심하다. 수시로 인공 눈물을 넣어야 한다.	매일 오랜 시간 동안 휴대폰을 보거나 밤늦게까지 컴퓨터 게임을 했다.
1)	청력이 안 좋다. 이어폰 사용을 줄이는 것이 좋다.	공부할 때나 밖에서 걸어 다닐 때나 항상 이어폰을 끼고 볼륨을 높여서 음악을 들었다.
2)	이 사이가 벌어져 있고 충치가 3개 있다. 이 사이에 음식물이 끼지 않도록 치실을 사용해야 한다.	단 음식을 즐겨 먹고 매일 탄산음료를 물처럼 마셨다.
3)	척추 뼈가 조금 휘었다. 스트레칭을 열심히 하고 평소에 바른 자세로 앉아야 한다.	책상에서 공부할 때, 소파에 앉아서 TV를 볼 때 항상 자세가 안 좋았다.
4)	심각한 과체중이다. 식사량을 줄이고 야식도 끊어야 한다.	한 끼에 너무 많이 먹고 거의 매일 밤 야식을 했다.
5)	발이 약간 변형되었다. 볼이 넓은 신발을 신어야 한다.	스타일이 중요하다면서 매일 불편해 보이는 신발을 신고 다녔다.

보기

어머니 병원에 가서 건강 검진 결과를 들었지? 의사 선생님이 뭐라고 하셨어?
영수 안구 건조증이 심하대요. 눈이 뻑뻑할 때마다 수시로 인공 눈물을 넣고 눈을 자주 깜빡이라고 하셨어요.
어머니 안구 건조증이래? 그러게 휴대폰과 컴퓨터를 너무 오래 **하더라니**.
영수 그리고…

연습해 봅시다

• 여러분이 알고 있는 세계 유산, 무형 문화유산, 세계 기록 유산을 소개해 봅시다. 보기 와 같이 이야기하십시오.

 보기 난중일기, 한국	- 세계 기록 유산 - 이순신 장군이 1592년~1598년의 전쟁 중에 남긴 일기 형식의 기록 - 전투 상황뿐만 아니라 당시의 기후와 지형, 서민들의 삶, 개인적인 생각을 기록함. - 이를 바탕으로 한 영화나 드라마들이 있음.
 1) 요가, 인도	- 인류 무형 문화유산 - 신체적, 정신적, 영적 건강을 이루도록 돕는 정신 수양법 - 인도 사회에 잠재되어 있는 자아를 찾는 과정이자 탐험의 과정임. - 전 세계에 요가에 빠진 사람들이 있음.
 2) 통가리로 공원, 뉴질랜드	- 세계 복합 유산 - 아름답고 경이로운 자연환경과 마오리족의 문화가 잘 어우러짐. - 공원 한가운데에 있는 산들은 마오리 공동체와 환경 사이의 정신적 연계성을 상징함. - 영화 촬영지로 유명함.
3)	

보기

가 이순신 장군의 난중일기가 역사적인 자료로 인정을 받아서 유네스코 **세계 기록 유산**으로 **등재**되었어요. 전투 상황뿐만이 아니라 기후나 지형, 서민들의 삶과 개인적인 느낌이 적혀 있어요. 이 난중일기를 바탕으로 제작된 영화나 드라마가 많아요. 소설도 있고요.

나 난중일기를 바탕으로 시나리오를 쓴 거군요. 어쩐지 영화 '명량'에서 장군의 심리 묘사가 아주 **섬세하더라니**. 개인적인 생각까지 난중일기에 써 놓았던 거군요.

2. 전통의 재창조

- 여러분 나라의 전통 중에서 세계에서 알리고 싶은 것은 무엇입니까?
- 전통적인 것이 대중과 가까워질 수 있는 방법은 무엇이라고 생각합니까?

뉴스 진행자 오늘 서울 도심에서 아리랑 축제가 열렸습니다. 현대적으로 재해석한 전통 민요 아리랑은 어떤 모습일까요? 김희승 기자가 전합니다.

기자 전통 악기인 꽹과리와 태평소 소리가 현대 악기인 드럼, 전자 피아노 소리와 자연스럽게 어우러집니다. 남녀노소 누구나 들어도 익숙함을 느낄 수 있도록 편곡한 아리랑입니다. 어깨를 들썩거리게 하는 빠른 가락이 열정적인 춤에 녹아 듭니다.

뉴스 진행자 김 기자, 뒤에 보이는 것은 풍물놀이 패입니까?

기자 네, 그렇습니다. 전국에서 모인 200여 명의 농악대가 한바탕 신명 나는 놀이판을 선보이며 시민들의 흥을 돋우고 있습니다. 그 옆에서는 현대적 가락을 입힌 어린이 농악대의 공연에 박수가 터져 나옵니다. 2012년에 유네스코 인류 무형 문화유산으로 등재된 전통 민요 아리랑과 2014년에 등재된 농악이 새로운 시도를 함으로써 시민들에게 좀 더 친근하게 다가섰습니다. 사라져 가던 전통이 현대적인 요소들과 접목되어 '살아 숨 쉬는 예술'로 거듭나고 있는 현장입니다.

편곡하다　들썩거리다　가락　한바탕　신명 나다　흥　돋우다　접목　거듭나다

어휘

어휘 1

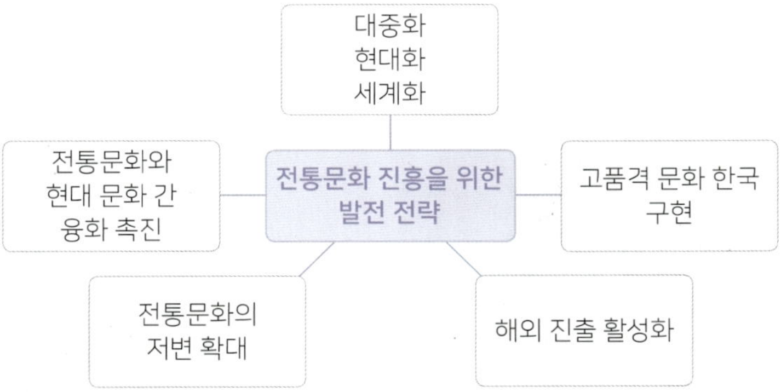

• 전통문화 진흥을 위한 정책 설명입니다. (   )에 알맞은 표현을 쓰십시오.

발표자 최근 정부는 전통문화의 (보기 진흥을)을/를 추진하기 위한 창조적 발전 전략을 내놓았습니다. 대중문화와 ① (   )을/를 결합한 한류 콘텐츠가 국가의 브랜드 가치를 높일 수 있는 문화 자원이라는 판단이 있었기 때문입니다. 이제 전통문화는 콘텐츠 산업의 창조적 자원이자 친환경·녹색 성장을 위한 산업 자원입니다. 우선 정부는 전통문화를 통해서 한국의 문화를 세계에 알리고자 고품격 ② (   ) 구현이라는 목표를 세우고 전통문화의 ③ (   ), 현대화, 세계화라는 실천 방안을 내놓았습니다. 그리고 전통문화의 ④ (   )을/를 통해서 많은 사람들이 전통문화를 쉽게 접할 수 있도록 하고 전통문화와 현대 문화 간의 융화 촉진, 해외 진출 ⑤ (   ) 등의 구체적인 전략들을 실행해 나가기로 했습니다.

• 전통문화를 바탕으로 재창조된 공연에 대해서 보기 와 같이 이야기하십시오.

보기

가 이번에 그룹 케이의 앨범이 또 성공했다면서? 정말 대단하다.

나 응, 전통적인 소재를 활용해서 콘텐츠를 생산해 내는 기획자의 아이디어가 대단한 거지. 해외 진출을 하겠다고 서구 공연 예술을 따라하는 것으로는 큰 호응을 얻기가 어려워.

가 그래. 우리만이 가지고 있는 독특하고 전통적인 원형 위에 세계인이 보편적으로 공감할 수 있는 콘텐츠를 창조해 내는 것이 중요하다고 봐. 그렇게 해야 해외 진출도 활성화될 수 있을 거야.

어휘2

들썩거리다	서성거리다
기웃거리다	씩씩거리다
휘청거리다	중얼거리다
빈둥거리다	투덜거리다
머뭇거리다	힐끔거리다

• 학교에서 벌어진 상황입니다. 보기 와 같이 (　　)에 알맞은 표현을 쓰십시오.

보기

쉬는 시간이다. 복도를 걸어가는데 6급 5반 교실에서 갑자기 "와" 하는 함성이 흘러나오면서 건물 전체가 (보기 들썩거린다)~~는다/ㄴ다/다~~. '무슨 일일까? 학교에 아이돌이라도 온 걸까?' 잠시 이런 생각을 하는 사이에 복도에 있던 학생들이 하나 둘 교실 문 앞으로 모여든다. 열린 문틈으로 교실 안쪽을 ① (　　　　　　)는/은/ㄴ 학생도 있고 친구를 기다리는지 문 밖에서 ② (　　　　　　)는/은/ㄴ 학생도 있다. 미처 함성을 듣지 못했던 학생들은 복도에 삼삼오오 모여 있는 학생들 때문에 불편한지 못마땅한 눈빛으로 ③ (　　　　　　)으면서/면서 복도를 지나간다. "왜 이렇게들 모여 있는 거야? 지나갈 수가 없네." 들으라는 듯이 ④ (　　　　　　)는다/ㄴ다/다. 그때 교실 문이 활짝 열렸다. 마이클 씨가 "아… 참… 왜…." 알아들을 수 없는 말을 ⑤ (　　　　　　)으며/며 나온다. 도대체 무슨 일일까?

• 계속되는 상태와 관련하여 보기 와 같이 이야기하십시오.

보기

가 언니, 외출 준비 다 한 것 같은데 왜 안 나가?
나 집에서 **빈둥거리기** 싫어서 꽃 축제에 가려고 하는데 비가 올 것 같아서 나갈까 말까 망설이고 있어.
가 비가 올까 봐 못 나가고 **머뭇거리고** 있는 거야? 꽃 축제에 가는 게 뭐 하면 실내에서 하는 전시회에 가. 요즘 다양한 전시회가 많던데.
나 그래 볼까? 오랜만에 쉬는 날이라서 아침부터 마음이 **들썩거렸는데** 일단 나가 봐야겠다.

-음으로써/ㅁ으로써

동사나 형용사에 붙어서 앞 문장의 내용이 뒤 문장의 결과를 얻기 위한 방법이나 수단임을 나타낸다.

- 전염병은 주위를 청결히 함으로써 예방할 수 있습니다.
- 천장에 간접 조명을 비춤으로써 집 안 분위기를 세련되게 만들었다.
- 업무량을 조절함으로써 직원들의 퇴근 시간이 빨라지도록 하겠습니다.
- 노사가 월급 5% 인상이라는 합의점을 찾음으로써 전면 파업을 피하게 되었습니다.

가 이번에 출시된 자동차가 기존 모델에 비해서 우수한 점은 무엇입니까?
나 아시다시피 교통사고의 주범은 졸음운전입니다. 이번 신차는 졸음 방지를 위한 홍채 인식 센서를 갖춤으로써 주행 안전성이 한층 높아졌습니다.

가 김 박사님, 이 환자를 어떻게 치료하실 계획입니까? 수술 치료는 위험성이 높은 데다가 환자의 고통만 가중시킬 텐데요.
나 그런 우려를 모르는 바는 아니지만 각 분야의 권위자들이 협업을 함으로써 수술의 부작용을 줄이고 치료 효과를 극대화할 수 있을 거라고 생각합니다.

- 다양한 정책 설명입니다. 보기 와 같이 이야기하십시오.

	대상	정책
보기	아르바이트 때문에 취업 준비에 전념할 수 없는 젊은이들	청년 수당을 지급해서 구직 활동에 전념할 수 있도록 하겠다.
1)	임신, 출산, 육아로 경제 활동이 중단된 후에 재취업을 원하는 여성들	시간 선택제, 재택 근무제 등 유연 근무제를 실시해서 재취업의 기회를 열어 주겠다.
2)	이성을 만날 기회가 없어서 짝을 찾지 못했던 선남선녀들	시청 구내 카페에서 미혼 남녀의 만남을 위한 행사를 열어서 자신에게 맞는 상대를 찾을 수 있는 기회를 주겠다.
3)	비용 때문에 취미 활동이나 여가 생활을 즐기지 못했던 주민들	주민 센터와 복지관, 시니어 센터에 다양한 프로그램과 학습 공간을 확보해서 비용 부담없이 취미 활동을 즐길 수 있도록 하겠다.
4)	은퇴 후에 안정적인 생활을 하기 위해서 경제 활동을 하고 싶어 하는 노인들	노인이 바리스타로 일하는 카페를 공공 기관에 설치하고 건강한 노인이 몸이 불편한 노인을 돌보는 일자리를 만들어서 노인도 경제 활동이 가능하도록 하겠다.
5)	주택 마련이 부담스러워서 결혼을 미루고 있는 젊은이들	민간 기업이 건설하는 원룸을 사들여서 신혼부부 맞춤형 공공 원룸으로 공급하겠다.

보기

가 만약에 시장에 당선된다면 어떤 정책을 펴실 계획입니까?
나 취업을 준비하고 있는 젊은이들에게 청년 수당을 지급함으로써 얼마간이라도 아르바이트를 멈추고 구직 활동에 전념할 수 있도록 하겠습니다.
가 그럼, 결혼과 임신, 출산으로 인해 일을 그만두었다가 재취업을 하고자 하는 여성들을 위해서는 어떤 계획을 가지고 있습니까?
나 …

연습해 봅시다

- 전통과 현대가 만나서 재창조된 문화의 사례에 대해서 보기 와 같이 이야기하십시오.

 보기 난타 공연	- 풍물놀이의 리듬을 현대적 공연 양식에 접목해서 난타 공연을 탄생시킴. - 주방을 무대로 일어나는 일을 비언어극으로 엮어 냄.
 1) 한식당 '라연'	- 한식당 '라연'이 <미슐랭 가이드 서울>에서 3년간 3스타를 받음. - 한국 전통 식자재와 요리법을 현대식으로 재해석해서 세련되고 참신하게 메뉴를 구성함.
 2) 전통 문양의 스탠드	- 한국의 전통 문양을 넣어서 전등갓과 스탠드를 만듦. - 전통 문양의 아름다움에다가 최첨단의 소재와 기술을 결합함.
3)	

보기

가 한국의 전통 가락인 풍물놀이의 리듬을 현대적 공연 양식에 **접목함으로써** 난타 공연을 탄생시켰어요. 난타는 남녀노소 누구나 어깨를 **들썩거리며** 신나게 즐길 수 있는 공연이에요.

나 네, 정말 **흥**이 솟아오르지요. 난타를 대여섯 번 본 친구도 있어요.

가 그리고 어느 나라에나 있는 주방에서 일어나는 일들을 재미있게 엮어서 만든 비언어극 공연이기 때문에 한국어를 모르는 외국인도 공감할 수 있는 거예요. 그래서 해외에서도 호평을 받고 있다고 해요.

복습

1 알맞은 단어를 골라서 (　　)에 쓰십시오.

세계 기록 유산　　세계 유산　　독창성　　등재
세계 유산 보호 협약　　되살아나다　　진정성

유네스코는 인류가 공동으로 보존해야 할 중요한 역사적·학문적 가치를 지니고 있는 유산이 인간의 부주의로 파괴되는 것을 막기 위해서 ❶ (　　　　　　　　)을/를 제정했다. 현재 유네스코는 ❷ (　　　　　　　　), 무형 문화유산, ❸ (　　　　　　　　)으로/로 나눠서 ❹ (　　　　　　　　)하고 있다. 등재에 가장 중요한 요소는 '탁월한 보편적 가치'이다. 특히 비슷한 세계 유산이 이미 있거나 경쟁 구도에 놓인 상황에서 다른 유산과 차이가 나는 ❺ (　　　　　　　　)와/과 ❻ (　　　　　　　　)이/가 있음을 증명하지 못하면 등재될 수 없다.

등재가 되었다고 해서 금전적인 혜택이 있는 것은 아니다. 유산을 세계로부터 인정받았다는 것 자체에 큰 의미가 있다. 실질적인 이익은 세계 유산 지정과 관련해서 관광 산업을 통해 지역 경제가 ❼ (　　　　　　　　)는/은/ㄴ 등의 경제적 파급 효과라고 할 수 있다. 당사국이 유산 보호 비용을 충당하지 못하거나 유산이 훼손될 위기일 경우에는 유네스코가 지원한다.

2 다음 문법을 사용하여 대화를 완성하십시오.

-더라니　　-음으로써

가 초여름 밤 싱그러운 분위기의 경복궁에서 국악을 들으니 새로운 맛이 있지?

나 응, 자칫 어려울 수도 있는 전통 국악을 현대적으로 ❶ ______________ (풀어 내다) 관객들이 국악을 쉽고 친근하게 받아들일 수 있도록 한 것 같아.

가 공연 내내 감탄사를 ❷ ______________ (연발하다). 정말 제대로 즐겼나 보다.

12과

기후와 계절

01 한국의 기후

대화 어휘 강우량, 고온, 온난 습윤 기후, 수확량, 위도, 재배, 최적, 한랭, 다습하다, 비옥하다

확장 어휘 거래량, 높새바람, 북태평양 고기압, 보유량, 사용량, 삼한사온, 서리, 수확량, 입춘, 적설량, 집중 호우, 하지, 청명하다

문법 -는 까닭에

02 기후 변화

대화 어휘 기후 변화, 불볕더위, 배출, 열사병, 재해, 폭염, 대처하다, 말미암다, 속출하다, 예견하다

확장 어휘 예언, 예행, 이상 고온 현상, 이상 저온 현상, 해일, 혹한

문법 -으려니

MP3 / 23

1. 한국의 기후

- 한국의 기후와 여러분 나라의 기후는 어떻게 다릅니까?
- 기후와 생활 방식의 관계를 보여 주는 사례는 무엇입니까?

진행자 교수님, 쌀은 오래전부터 한반도에서 주식으로 자리를 잡아 왔는데요. 그렇다면 한국의 기후가 벼농사에 적합하다고도 볼 수 있겠지요?

교 수 그렇습니다. 한반도는 위도 30° ~ 40° 사이인 중위도에 위치해 있어서 온대 기후에 속하며 온대 기후 중에서도 온난 습윤 기후에 해당됩니다. 일본의 중남부, 미국 동부 해안 지방, 중국 황하강 일대, 아르헨티나 중부, 오스트레일리아 동부 등도 이 기후에 속합니다.

진행자 온난 습윤 기후는 어떤 특징이 있습니까?

교 수 이런 기후 지역은 계절풍의 영향으로 사계절의 변화가 뚜렷합니다. 겨울에는 대륙의 영향을 받아서 비교적 한랭 건조한 반면, 여름에는 해양에서 불어오는 바람으로 고온 다습합니다. 이 온난 습윤 기후 지역은 대륙의 찬 공기로 인해 연평균 일조량과 강우량이 풍부하고 습한 까닭에 벼가 잘 자랄 수 있고 그만큼 수확량도 많습니다. 한국은 기후뿐만 아니라 토양도 비옥해서 좋은 품질의 벼를 재배할 수 있는 최적의 조건을 갖췄습니다.

위도 온난 습윤 기후 한랭 고온 다습하다 강우량 수확량
비옥하다 재배하다 최적

어휘

어휘 1

한국의 기후	
봄	입춘, 꽃샘추위, 황사, 꽃가루, 포근하다, 미세 먼지
여름	하지, 태풍, 장마, 무더위, 소나기, 열대야, 집중 호우, 고온 다습, 폭우, 찜통더위
가을	입추, 일교차, 쾌청하다, 서리
겨울	동지, 폭설, 건조, 빙판, 강추위, 혹한, 삼한사온

• 뉴스의 일부입니다. (　　)에 알맞은 단어를 쓰십시오.

보기 "간밤의 (열대야) 현상으로 잠을 이루지 못한 시민들이 모두 더위를 피해서 한강 공원을 찾았습니다."

1) "오늘은 일 년 중 낮의 길이가 가장 길다는 (　　　　)입니다. 이제부터 본격적인 더위가 시작될 것으로 보입니다."

2) "이번 주말부터 (　　　　)이/가 시작되면서 전국 곳곳에 집중 호우가 내리겠습니다. 비 피해에 유의하시기 바랍니다."

3) "황사에 (　　　　)까지 더해져서 도시 전체가 온통 뿌옇습니다. 안전 운전하도록 주의하세요."

4) "밤사이 기온이 영하로 뚝 떨어지면서 중부 내륙과 산지에는 (　　　　)이/가 내리고 얼음이 어는 곳이 있겠습니다. 농작물을 잘 관리하시기 바랍니다."

5) "날씨가 추워졌다 풀렸다를 반복하는 (　　　　)이/가 계속되면서 기온 변화로 인해 감기 환자가 증가하고 있습니다."

• 여러분 나라의 기후에 대해서 보기 와 같이 이야기하십시오.

보기

가 우리나라는 한국보다 위도상 적도에 가깝고 열대 기후 지역이에요. 여름이 길고 **고온 다습**해서 에어컨 없이는 살 수가 없어요.

나 우리나라도 일 년 내내 평균 기온이 25도를 넘어요. 한여름에는 그야말로 40도를 넘는 **찜통더위** 속에서 견뎌야 한답니다.

어휘2

강우량 수확량 사용량 강수량 적설량	거래량 보유량 섭취량 적정량

• 농부들이 모여서 이야기합니다. (   )에 알맞은 단어를 쓰십시오.

보기 벼는 논에 물만 있으면 잘 자라는데 올해는 (강수량이)이/가 적어서 걱정이야.

1 작년에는 풍년이 들어서 쌀 (   )이/가 늘었는데 말이야.

2 그나저나 요즘 수입산 쌀이 값도 싸고 품질도 나쁘지 않아서 우리 쌀의 (   )이/가 떨어지겠어.

3 이번 겨울은 많은 (   )으로 시설물 피해가 크고 농작물 관리가 정말 힘들어.

4 우리 마을은 농기계 (   )이/가 부족해서 어려움을 겪고 있으니까 정부에 지원을 요청해 봅시다.

• 분량이나 수량에 대해서 보기 와 같이 이야기하십시오.

보기

가 어제 은행에 갔는데 생각보다 시원하지 않더라. 원래 은행은 한여름에 더위를 피할 수 있는 곳이잖아.

나 요즘 정부가 공공 기관이나 기업들의 전력 사용량을 줄이기 위해서 다양한 정책을 편대. 은행들도 정부에서 정해 놓은 법정 실내 온도를 유지해야 할 거야.

-는/은/ㄴ 까닭에

동사나 형용사에 붙어서 일이 생기게 된 원인이나 조건을 나타낸다.

- 회사 면접시험을 보는데 너무 긴장한 까닭에 제대로 대답하지 못했다.
- 폭우로 외곽 순환 도로가 차단된 까닭에 교통 체증이 심해졌다.
- 경기가 좋지 않은 까닭에 우리 가게 매출이 계속 감소하고 있어요.
- 예고 없이 폭설이 내린 까닭에 버스 운행에 차질이 생겨서 지하철로 시민들이 몰렸다.

가 10년 동안 직장 생활을 해도 서울에서 집을 장만하기가 어려워요.
나 서울 집값이 계속 오르는 까닭에 부모님의 도움 없이 혼자 힘으로 집을 사기란 쉽지 않은 일이죠.

가 조만간 회사에서 직원들을 대량 해고할 거라는 소문이 돌던데 들었어요?
나 네. 불경기가 계속되는 까닭에 회사 매출이 떨어져서 그런 소문이 도는 것 같아요.

- 회사 동료들이 모여서 이야기합니다. 보기 와 같이 이야기하십시오.

건의 사항
보기 물가가 계속 오르고 있지만 월급이 동결되어서 생활이 빠듯하다.
1) 직원을 뽑지 않아서 회사에 다닌 지 3년이 됐는데도 신입 사원이 해야 할 일들을 아직도 맡아서 하고 있다.
2) 팀원 중 한 명이 휴직을 해서 할당된 업무가 늘어났다.
3) 구내식당이 공사 중이어서 매일 점심 먹을 곳을 찾아다녀야 하고 점심 값도 많이 든다.
4) 인사 고과 기준이 높아져서 열심히 일해도 예전에 비해서 좋은 점수를 받기가 어려워졌다.
5) 회식이 잦아서 피로가 누적되어 건강이 나빠졌다.

보기

가 저는 요즘 회사에 건의하고 싶은 것들이 많아요. 그중에서도 급여에 대해서 회사 이야기를 좀 해 보고 싶습니다. 물가가 계속 오르고 있지만 월급이 **동결된 까닭에** 생활이 정말 빠듯해요.
나 맞아요. 저도 월급 인상에 대해서 회사에 건의해 봐야 한다고 생각해요.

연습해 봅시다

• 제주도를 여행하려는데 어느 계절이 좋을까요? 보기 와 같이 이야기하십시오.

계절	특징
보기 여름	- 태풍이 자주 와서 비행기가 결항이 되고 실외 활동에 제한을 받을 때가 많다. - 아름다운 바닷가에서 수영을 할 수 있다.
1) 가을	- 하늘이 청명하고 서울보다 기온이 높아서 여행하기에 최적의 날씨이다. - 관광객이 몰려서 편의 시설을 이용하는 데 어려움이 있다.
2) 봄	- 바람이 심하게 불 때가 많고 일교차가 심해서 옷을 다양하게 준비해 가야 한다. - 전국에서 가장 먼저 유채꽃 구경을 할 수 있다.
3)	

보기

가 이번 여름에 제주도 여행을 가려고 하는데 혹시 여름에 제주도에 가 본 적이 있어요?

나 네. 지난 여름에 제주도에 다녀왔어요. 여름에는 제주도에 **태풍**이 자주 **오는 까닭에** 비행기가 결항될 때가 많고 관광에도 지장을 줘요. **집중 호우**가 내릴 때도 많고요. 그래서 제주도는 **강우량**이 많아요. 하지만 아름다운 바닷가에서 낭만을 즐길 수 있다는 큰 장점이 있죠.

2. 기후 변화

서울의 계절 길이 변화 예측

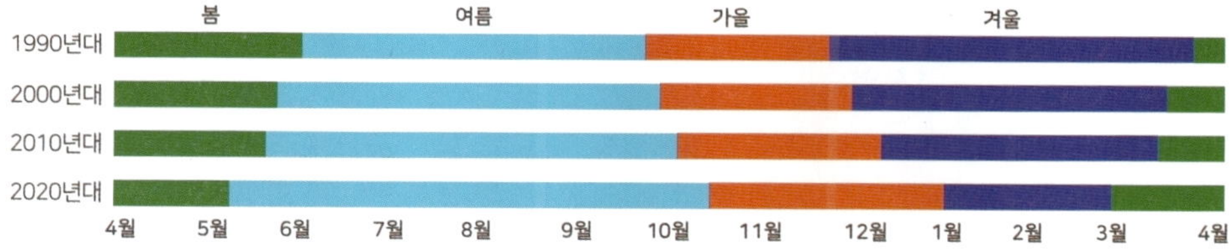

농작물 재배지가 북상하고 있습니다.
한반도가 계속 더워진다면 우리 토종 농산물이 우리 땅에서 사라지게 될지도 모릅니다.

사과: 대구 ▶ 영월
복숭아: 경사 ▶ 춘천
녹차: 보성 ▶ 고성
한라봉: 제주 ▶ 거제
쌀보리: 아산 ▶ 강화

- 예전에 비해서 기후가 달라졌다고 실감한 적이 있습니까?
- 10년 후에 여러분 나라의 기후는 어떻게 변할까요?

진행자 유럽에는 올 여름 폭염이 기승을 부리고 있습니다. 현지 시간으로 25일 낮 최고 기온은 섭씨 46도로 사상 최고 기온을 기록한 곳도 있습니다. 이에 따라 급증하는 전력 소비량을 감당하려니 곳곳에 정전이 발생하고 있습니다. 거의 모든 나라에서는 산불이 발생하고 있고 열사병으로 응급실을 찾는 환자들도 속출하고 있습니다. 최미선 특파원의 보도입니다.

특파원 프랑스 기상청의 조사 결과에 따르면 1873년 기상 관측을 시작한 이래로 파리의 낮 기온이 섭씨 40도를 넘은 것은 이번이 두 번째라고 합니다. 전문가들은 이대로 가다가는 곧 기후가 변할 것으로 예견하고 있습니다. 파리뿐만 아니라 서유럽 국가들도 불볕더위가 계속되고 있습니다. 모두가 알다시피 온실가스 배출로 말미암아 지구 온난화가 가속화되고 있기 때문에 이러한 기후 변화에 능동적으로 대처하지 않으면 태풍, 홍수 등의 재해가 계속될 것입니다. 범세계적 차원에서 대책 마련이 시급한 때입니다.

폭염 열사병 속출하다 예견하다 불볕더위 배출
말미암다 기후 변화 대처하다 재해

어휘1

이상 고온 현상	폭설
이상 저온 현상	폭우
가뭄	혹한
홍수	한파
폭염	해일

• 일기 예보입니다. (　　)에 알맞은 표현을 쓰십시오.

진행자 이번 주 지구촌 날씨를 전해드립니다. 서울 및 경기도 지방은 겨울 (보기 한파가) ~~이/가~~ 기승을 부리고 있습니다. 열흘째 이어지는 영하 10도의 이상 저온 현상으로 인해서 시민들은 ① (　　　　　)에 시달리고 한강도 꽁꽁 얼어붙었습니다. 한편 남부 지방에는 ② (　　　　　)이/가 내려서 산간 지역에 사는 주민들은 고립이 된 상태입니다. 유럽 전 지역에는 계속 내리는 폭우 때문에 ③ (　　　　　)이/가 나서 많은 도시가 물에 잠겼습니다. 이와 반대로 아프리카 남부는 비가 내리지 않아서 ④ (　　　　　)으로/로 식량 위기에 직면해 있다고 합니다.

• 여러분이 경험한 기후 변화에 대해서 보기 와 같이 이야기하십시오.

보기

가 올여름 우리나라는 **이상 고온 현상**으로 평년에 비해서 무척 더웠어요. **폭염**으로 더위를 먹은 사람들이 많아서 일부 학교는 휴교를 하기도 했어요.

나 우리나라도 엄청 더웠어요. 여름 내내 기온이 40도를 웃돌았고 하루에도 몇 번씩 **폭우**가 내렸다 그쳤다를 반복하는 등 종잡을 수가 없는 날씨가 계속됐어요.

어휘2

예견	예단
예방	예감
예보	예측
예언	예행

• 윤아의 에스엔에스(SNS)에 친구들이 댓글을 달았습니다. (   )에 알맞은 단어를 쓰십시오.

Yuna_SNS

Yuna

유나유나 지난 중간고사는 쉬웠기 때문에 이번 기말고사는 어려울 것으로 (보기 예측)된다.

댓글

↳ 주앙러브 그래? 네 ① (   )이/가 적중할지 지켜보자.

↳ 노라줘라 나도 느낌이 안 좋아. 기말고사가 엄청 어려울 것 같은 불길한 ② (   )이/가 들어.

↳ 하노이흐엉 다들 학교 보건소에 가서 독감 ③ (   ) 접종해. 몸이 건강해야 시험공부도 하지.

↳ 존스미스 이건 좀 다른 말인데 일기 ④ (   )을/를 확인했는데 내일 비가 온대. 다들 내일 집에서 나올 때 우산 챙기는 거 잊지 마.

• 여러분의 짐작이 맞았던 경험에 대해서 보기와 같이 이야기하십시오.

보기

가 늘 그렇듯이 전문가들은 이번에도 경영학과 지원율이 제일 높을 것으로 **예측**했어요. 경영학과 졸업생들은 취업률이 높으니까요. 그래서 저는 경영학도 배울 수 있고 경제학도 배울 수 있는 통계학과에 지원했죠. 그리고 제 **예측**대로 경영학과에 엄청난 학생들이 몰렸어요. 경영학과에 지원했으면 큰일 날 뻔했어요.

나 예감이 맞았군요. 저는···

-으려니/려니

동사에 붙어서 어떤 의도를 나타낸다. 뒤 문장은 앞 문장의 행동을 하는 데에 뒤따르거나 감내해야 하는 일을 나타낸다.

- 쥐꼬리만 한 월급으로 살림을 꾸려 나가려니 먹고 싶은 음식도 마음대로 먹지 못한다.
- 새로 추진하는 사업에 대해서 소신 있는 발언을 하려니 상사의 눈 밖에 날까 봐 겁이 났다.
- 이민을 결심하고 막상 한국을 떠나려니 가족들이 눈에 밟힌다.
- 성수기에 비행기표를 끊으려니 쉽지 않다.

가 여기에 차 없는 거리가 생긴다면서요?
나 네. 그런데 반대 의견도 만만치 않아요. 교통량이 많은 도심 한복판을 가로막으려니 벌써부터 운전자들의 반발이 빗발치고 있어요.

가 불경기에 사업을 시작하려니 심적 부담이 매우 크네요.
나 아이디어가 좋으니까 열심히 홍보만 잘하면 충분히 성공할 수 있어요.

- 이사를 하려고 합니다. 보기 와 같이 이야기하십시오.

상황	앞으로 일어날 것 같은 안 좋은 일
보기 위치	학교와 가까우면서 역세권에 위치한 집 중에서 고르고 싶은데 마음에 드는 집을 찾기가 어렵다. 대부분 지은 지 오래됐거나 주변이 시끄럽다.
1) 집 형태	보안이 잘돼 있는 오피스텔을 계약하고 싶은데 집세가 너무 비싸서 감당이 안 될 것 같다.
2) 집 구조	복층 구조였으면 좋겠는데 계단이 마음에 걸린다. 보통 복층 집의 계단은 가팔라서 오르내릴 때 주의하지 않으면 다치기 쉬울 것 같다.
3) 이사 날짜	2개월 안에 지금 살고 있는 집을 비워 줘야 하는데 새로 이사 갈 집을 제대로 고를 시간이 없을 것 같다.
4) 이사를 도와줄 사람	친한 친구에게 도와 달라고 부탁하고 싶은데 선뜻 말이 잘 안 나온다. 요즘 그 친구가 중요한 시험을 앞두고 있어서 이사를 도와 달라고 하기가 미안하다.
5) 이사 방법	편하게 포장 이사를 하고 싶은데 비용이 많이 들 것 같다.

보기

가 며칠 전부터 이사할 집을 알아보고 있는데 제 마음에 딱 드는 집을 구하기가 참 힘드네요.
나 어느 지역에다가 집을 구하려고 하는데요?
가 학교와 가까우면서 역세권에 위치한 집 중에서 **고르려니** 마음에 드는 집을 찾기가 어려워요. 대부분 지은 지 오래됐거나 주변이 시끄럽더라고요.

연습해 봅시다

• 기후 변화에 대해서 보기 와 같이 이야기하십시오.

기후 변화의 영향	결과
보기 가뭄	- 지구 곳곳에서 물 부족 사태가 발생함. - 사막화가 진행됨. - 생태계가 파괴됨.
1) 폭우	- 댐이나 제방이 무너질 위험이 큼. - 이재민이 발생함.
2) 한파	- 화석 연료 사용이 증가됨. - 사람들의 활동에 지장을 줌.
3)	

보기

가 기후 변화로 큰 가뭄이 들면서 주변 환경이 변하고 우리 생활에 미치는 영향도 커지고 있어요. 줄어든 강수량으로 전 세계 인구의 물 사용량을 감당하려니 지구 곳곳에서 물 부족 사태가 발생하게 됩니다.

나 같아요. 이런 사태가 장기화되면 지구 곳곳에서 사막화가 진행될 것이고 생태계도 파괴될 거예요.

복습

1 알맞은 단어를 골라서 (　　)에 쓰십시오.

한랭　　포근하다　　일교차　　건조　　강수량　　서리

서울의 내일 날씨를 전해드리겠습니다. 한반도는 중국 북부에서 남하하는 고기압의 가장자리에 들어서 오전에는 눈 또는 비가 내리겠습니다. 예상 ❶ (　　　　　)은/는 2~3㎜ 안팎입니다. 오후부터는 ❷ (　　　　　) 전선의 유입으로 기온이 큰 폭으로 떨어지겠습니다. 아침 최저 기온은 -5℃, 낮 최고 기온은 3℃로 낮에는 ❸ (　　　　　)겠으며 아침 저녁으로 ❹ (　　　　　)이/가 크겠습니다. 또한 이달 초부터 ❺ (　　　　　) 주의보가 발효 중이니 각종 화재 예방에 유의하기 바랍니다.

한파　　가뭄　　비옥하다　　대처　　예측　　말미암아

기후 변화로 ❻ (　　　　　) 우리들은 날씨를 ❼ (　　　　　)하기가 점점 힘들어지고 있다. 이상 저온 현상으로 ❽ (　　　　　)이/가 몰아닥친 나라가 있는가 하면 ❾ (　　　　　)이/가 지속되어 큰 산불이 발생하는 나라도 있다. 환경 전문가들은 이대로 가다가는 더 큰 재해가 닥칠 것이라고 예언했다.

2 다음 문법을 사용하여 이야기를 완성하십시오.

-는 까닭에　　-으려니

가 지구촌 곳곳에서 기습 폭설 등의 자연재해가 ❶ ____________(늘다) 피해가 커지고 있습니다. 박사님께서는 이런 재해가 더 빈번하게 발생할 거라고 보십니까?

나 네. 그렇습니다. 환경 보호를 위한 장기적인 대응책을 강구하지 않고 전 세계가 그때그때 눈앞에 있는 문제만 ❷ ____________(해결하다) 악순환이 반복될 수밖에 없습니다. 모두가 힘을 합해 하루빨리 근본적인 해결책을 찾아야 합니다.

13과

현대 사회와 미래 사회

01 현대 사회와 인간

대화 어휘 근시안적, 미흡, 안전망, 소외되다, 빈번하다, 비일비재하다

확장 어휘 낙오자, 무한, 미납, 미달, 미비, 미취학, 부재, 존엄성, 고립되다, 각박하다, 삭막하다

문법 -는 탓에

02 미래 사회의 모습

대화 어휘 멸종, 비극, 제각기, 진화, 상반되다, 부시다, 암울하다

확장 어휘 교화, 번성, 분열, 붕괴, 순화, 절감, 정화, 퇴화

문법 이중부정

1. 현대 사회와 인간

MP3 / 25

- 현대 사회에서 사람들이 겪는 문제는 무엇입니까?
- 현대 사회에서 사람답게 살기 위해서는 무엇이 필요합니까?

진행자 오늘은 한국 사회의 고독사 현황에 대해서 좀 짚어 보겠습니다. 교수님, 고독사라는 게 정확하게 뭘 말하는 겁니까?

교 수 주변 사람들과 단절된 채 홀로 살다가 고독하게 죽음에 이르는 것을 고독사라고 하는데 요즘 이런 일이 비일비재하게 발생하고 있습니다.

진행자 그렇다면 고독사가 빈번하게 발생하는 계층이 따로 있습니까?

교 수 과거에는 빈곤한 독거 노인층에서 주로 발생했습니다만, 최근에는 1인 가구가 증가한 탓에 소득 수준과 연령대를 가리지 않고 발생하고 있습니다.

진행자 현재로서는 고독사 방지에 대한 대책이 미흡해 보이는데 정부 차원에서 어떤 대책을 세워야 한다고 보십니까?

교 수 정부는 사회적 안전망을 구축해서 사회로부터 소외되는 사람들이 없도록 해야 합니다. 또한 근시안적인 정책보다는 1인 가구의 고용 불안정과 그에 따른 경제적 어려움을 해결할 수 있는 장기적인 정책을 세워야 합니다.

비일비재하다　빈번하다　미흡　안전망　소외되다　근시안적

어휘1

소통의 부재 무한 경쟁 시대	삭막하다 각박하다 소외되다 고독하다 고립되다	낙오자 존엄성 훼손

• 다음은 영화를 보고 쓴 글입니다. (　　)에 알맞은 표현을 쓰십시오.

영화 <우리>를 보고 나서
별점: ★★★★☆

우리들은 끝이 없는 (보기 무한) 경쟁 시대에 살고 있다. 사람들은 경쟁에서 뒤떨어진 ① (　　　　)이/가 되지 않기 위해서 끊임없이 노력한다. 영화의 주인공은 미래에 대한 희망을 품고 대도시로 가지만 그곳 사람들의 모습에 적응하지 못한다. 주인공이 본 도시의 풍경은 ② (　　　　)고 사람들은 여유가 없어서 ③ (　　　　) 어/아/여 보였다. 또한 주인공은 경쟁 사회에서 ④ (　　　　)어서/아서/여서 다른 사람들과 소통하지 못하고 집에 ⑤ (　　　　)어/아/여 있는 사람들이 많다는 것을 발견하게 되었다. 감독은 주인공의 시선을 통해 경쟁 사회의 어두운 면을 보여 주고 있다.

• 현대 사회의 모습이 담긴 책이나 영화에 대해서 보기 와 같이 이야기하십시오.

보기

가 저는 현실적인 사회 모습이 반영된 영화를 좋아하는데 추천해 줄 만한 영화가 있어요?
나 얼마 전에 개봉해서 화제가 되고 있는 영화가 있는데 서로 간의 소통이 부족해서 점점 고독해지는 현대인들의 이야기를 무겁지 않게 다루고 있어요. 그 영화를 보면 지금 우리들의 삶을 한번 돌아보게 돼요.

어휘2

미흡 미달 미납 미비	미숙 미확인 미취학

- 다음은 대학생이 쓴 글입니다. ( )에 알맞은 표현을 쓰십시오.

오늘은 정말 힘든 하루였다. 학교에 가니까 같이 발표를 준비하는 친구가 내가 맡은 부분의 내용이 (보기 미흡)하니까 보충해 달라는 이야기를 했다. 도서관에 가는 길에는 학과 사무실에서 계절 학기 수업 신청 인원이 ① ( )돼서 개설되지 않을 거라는 연락이 왔다. 비자를 발급받으려고 대사관에 갔었지만 직원이 빠진 서류가 있다면서 ② ( )한 서류를 추가해서 다시 신청하라고 했다. 또 통신 회사로부터 지난달 휴대 전화 요금이 ③ ( )됐으니까 빨리 내라는 연락을 받았다. 집에 돌아오는 길에는 운전이 ④ ( )한 운전자 때문에 교통사고가 날 뻔했다. 내일은 오늘보다 덜 힘들었으면 좋겠다.

- 발표 후에 아쉬웠던 적이 있습니까? 보기 와 같이 이야기하십시오.

보기

가 지난번에 준비가 **미흡**한 상태에서 발표를 한 게 계속 마음에 걸려요. 발표 진행도 **미숙**했던 데다가 자료 조사도 충분히 하지 못해서 선생님이나 친구들의 질문에 대답을 잘하지 못했어요.

나 발표 후에는 항상 아쉬움이 많이 남더라고요. **미비**했던 점을 보완해서 다음에 더 잘하면 되지 않을까요?

-는/은/ㄴ 탓에

동사나 형용사에 붙어서 부정적인 결과가 생기게 된 원인이나 까닭을 나타낸다.

- 경기 성적이 부진한 탓에 팀에서 방출될 위기에 처해 있는 선수도 있어요.
- 많은 사람들이 미세 먼지에 지속적으로 노출된 탓에 호흡기 질환을 앓고 있습니다.
- 이 건물은 주인 없이 오래 방치된 탓에 곳곳에 곰팡이가 잔뜩 슬어 있다.
- 학교 주변에서 연일 시위가 이어지는 탓에 수업을 제대로 진행하기가 어렵습니다.

가 교통법 개선 법안은 왜 아직도 국회에서 통과가 되지 않고 있죠?
나 여당과 야당이 합의하지 못한 탓에 아직도 통과가 안 되고 있어요.

가 회사 임원 모두가 책임 회피에만 급급한 탓에 문제가 해결될 기미가 안 보여요.
나 회사의 사활이 걸린 문제이니만큼 모두 다 발 벗고 나서야 할 텐데요.

- 다음은 회사 경영자들의 대화입니다. 보기와 같이 이야기하십시오.

원인	결과
보기 연초부터 세계 경기가 침체되고 환율이 올랐다.	회사 매출이 급락하고 주가가 크게 떨어졌다.
1) 회사 소속 배우들이 연달아 계약을 파기하고 다른 회사로 옮겨 갔다.	회사 경영이 어려워서 문을 닫을 것이라는 소문이 돌고 있다.
2) 회사 임원들이 뇌물 수수 혐의로 줄줄이 검찰 조사를 받고 있다.	연일 뉴스에 회사 이름이 오르내리고 있다.
3) 정부의 수입 규제가 풀리지 않았다.	새로 시작하려고 준비했던 사업이 결국 무산되었다.
4) 신제품을 개발한 지 얼마 지나지 않았는데 비슷한 제품들이 시장에 쏟아지고 있다.	오랜 기간 심혈을 기울여서 만든 신제품의 경쟁력이 떨어졌다.
5) 사람들이 대부분의 물건을 인터넷으로 구입한다.	사람들이 방문하지 않아서 매장의 물건이 팔리지 않고 있다.

보기

가 연초부터 세계 경기가 침체되고 환율이 **오른 탓에** 예년에 비해서 회사 매출이 급락하고 주가가 크게 떨어졌어요.
나 저희 회사도 비슷한 상황이에요. 이 위기를 어떻게 극복해 나가야 할지 정말 난감하네요.

연습해 봅시다

• 현대 사회의 여러 문제에 대해서 보기 와 같이 이야기하십시오.

문제	원인	해결 방안
보기 청년 실업 문제	- 경기가 좋지 않다. - 기업의 고용 안정성이 낮다.	- 기업에게 청년 고용을 장려한다. - 양질의 일자리를 창출한다.
1) 노인 빈곤 문제	- 평균 수명이 길어졌다. - 노후 준비가 미흡하다.	- 노인 일자리를 늘린다. - 연금 가입을 의무화한다.
2) 빈부 격차 문제	- 가정 환경에 따라서 교육을 받을 기회의 차이가 심하다 . - 정보로부터 소외되다.	- 복지 사업을 늘린다. - 고소득자에게는 정당하게 세금을 내도록 독려한다.
3)		

보기

가 요즘 청년 실업이 사회 문제가 되고 있어요. 경기가 좋지 않고 기업의 고용 안정성이 **낮은 탓에** 청년들이 직업을 찾기가 어려운 것 같아요.

나 기업들이 청년 고용을 장려하고 양질의 일자리를 제공해야 해결될 텐데요. 청년 실업 문제가 사회 분위기를 더 **각박하게** 하니만큼 정부가 발 벗고 나서 줬으면 좋겠어요.

2. 미래 사회의 모습

- 미래는 현재와 어떻게 다를까요?
- 긍정적인 미래를 만들기 위해서 우리는 무엇을 해야 합니까?

교 수 미래 사회는 어떤 모습일까요? 어떤 이들은 인류의 미래가 매우 밝을 것이라고 합니다. 그도 그럴 것이 날이면 날마다 혁신적인 기술이 쏟아지고 있으며 인공 지능은 인간처럼 학습하고 날로 진화하고 있습니다. 눈이 부시게 발전하는 과학 기술로 인해서 인류의 삶은 더욱 편리해지고 풍족해질 것입니다.
그러나 어떤 이들에게 미래는 상상하기조차 싫은 암울한 비극입니다. 인공 지능이 인류의 일자리를 빼앗고 정보의 격차가 커짐으로써 부의 양극화가 더욱 심해질 것을 우려합니다. 또한 환경은 손을 쓸 수 없을 만큼 악화될 것이며 이로 인한 인류의 멸종을 예견하는 사람도 있습니다.
이렇듯 미래에 대한 예측은 제각기 상반되지만 우리가 미래를 명확하게 알 수는 없습니다. 다만 미래 사회로의 변화에 대비는 해야 합니다. 즉 변화는 없을 수 없기 때문에 이 변화가 인류에게 긍정적으로 작용하도록 노력해야 한다는 것입니다.

진화하다　부시다　암울하다　비극　멸종　제각기　상반되다

어휘

어휘1

미래 전망
- 긍정적 전망
  - 문명의 번성
  - 인류의 진화
  - 생산성 향상
  - 비용 절감
- 부정적 전망
  - 사회 분열
  - 공동체 붕괴
  - 비극 초래
  - 소득 격차 심화

• 다음은 역사 학자가 쓴 글입니다. (　　)에 알맞은 표현을 쓰십시오.

인류의 미래를 알려면 먼저 인류의 과거를 살펴봐야 할 것이다. 인류는 오랜 시간에 걸쳐 지금의 모습으로 (보기 진화)했고 여러 문명이 화려하게 ❶ (　　　　　)했다가 사라졌으며 수많은 전쟁을 겪고도 인류는 살아남았다.

하지만 많은 사람들이 인류의 미래를 걱정한다. 미래에는 소득 격차가 ❷ (　　　　　)되어 인간답게 살 수 없는 사람들이 많아질 것이라고 비관한다. 또 인공 지능이 인간의 자리를 위협하고 여러 방향으로 사회를 ❸ (　　　　　)시켜 결국 사회 공동체가 ❹ (　　　　　)되고 상상하기조차 싫은 ❺ (　　　　　)을/를 초래할 것이라고 겁을 먹는다.

그러나 학자로서 나는 미래를 걱정하지 않는다. 인류는 언제나 변화에 잘 적응해 왔고 살아남았기 때문에 앞으로도 그럴 것이라고 믿는다.

• 미래를 어떻게 전망하는지 보기 와 같이 이야기하십시오.

보기

가 과학 기술의 발전은 미래의 인류에게 더 큰 행복과 편리함을 누리게 해 줄 것이라고 생각해요.

나 글쎄요, 저는 지나친 과학 기술의 발전이 인류의 **비극**을 **초래**할 것이라고 봐요. 과학 기술의 발달로 물건을 생산하는 비용은 절감되겠지만 인공 지능에 밀려서 사람들의 일자리도 같이 없어질 거예요.

어휘2

진화
퇴화
강화
정화
교화
순화

• 다음은 신문 기사의 일부분입니다. (　　)에 알맞은 표현을 쓰십시오.

조선 시대의 왕은 권력을 (보기 강화)하기 위해서 신하들이 가지고 있던 사적인 군사를 없애고 관료를 뽑는 시험인 과거제를 실시했다.
요즘 미세 먼지로 인한 공기 오염이 심해지면서 공기를 깨끗하게 해 주는 보기 ① (　　　　　) 식물이 인기를 끌고 있다.
치매란 노화로 인해 뇌의 기능이 ② (　　　　　)하면서 기억력이 나빠지고 인지 능력이 떨어지는 질병을 말한다.
외래어의 무분별한 사용을 막고자 정부에서는 외래어를 우리나라 말로 바꾸는 언어 ③ (　　　　　) 사업을 지속적으로 하고 있다.
범죄를 저지른 사람을 교도소로 보내는 이유는 처벌의 목적도 있지만 사회에 다시 나왔을 때 범죄를 저지르지 않도록 ④ (　　　　　)시키려는 목적도 있다.

• 인류의 미래 모습에 대해서 보기와 같이 이야기하십시오.

보기

가 앞으로 인류는 어떤 모습으로 진화하게 될까요?

나 생존에 필요 없는 신체 부위는 퇴화되고 자주 쓰는 신체 부위는 강화될 것 같아요. 예를 들어 현대인들은 부드러운 음식을 많이 먹으니까 사랑니는 불필요해서 없어지고 머리는 자주 써야 해서 커지지 않을까요?

이중부정

어떠한 사실을 부정한 뒤에 다시 한 번 부정함으로써 긍정의 의미를 강조함을 나타낸다.

- 홍길동이 어려운 사람들에게 나눠 주기 위해서 물건을 훔쳤다고 하더라도 그 일이 죄가 아니라고 할 수는 없습니다.
- 회사 사정이 어려워지면 어느 정도의 인력 감축은 없을 수 없다.
- 한국 회사가 세계 전자 제품 업계를 선도하고 있다는 사실은 인정하지 않을 수 없어요.
- 이 약은 부작용이 없지는 않으나 효과가 좋고 대체할 만한 약이 없기 때문에 여전히 잘 팔린다.

가 신제품 개발 성공에는 이 차장님의 공이 컸습니다.
나 하지만 김 부장님이 큰 기여를 하셨다는 것은 누구도 아니라고 할 수 없을 것입니다.

가 숙소는 넓고 깨끗하고 교통이 편리한 곳에 있었으면 좋겠어.
나 그런 곳이 없지는 않겠지만 우리 예산으로는 턱도 없을 거예요.

- 다음은 토론회 주제입니다. 적당한 문형을 골라서 보기와 같이 반대 의견을 이야기 하십시오.

없을 수 없다 -지 않을 수 없다 아니라고 할 수 없다
없지는 않다 -지 않으면 안 되다

보기 사형 제도	사형 제도가 있다고 해서 흉악 범죄가 줄어들지 않을 뿐더러 재판 결과에 잘못이 있을 가능성이 있다.
1) 인터넷 실명제	인터넷 실명제를 실시하면 표현의 자유가 위축될 뿐만 아니라 개인 정보가 유출될 가능성이 있다.
2) 안락사	의사의 판단에 실수가 있을 수 있으며 의사의 판단으로 내려진 결정이어도 살인이다.
3) 동물 실험	동물과 인간이 공유하는 병이 매우 적어서 효과적이지 않은 데다가 실험 과정이 비윤리적이다.
4) 기여 입학제	학위가 거래 대상이 될 것이며 부모의 경제력에 의해서 아이의 학력이 결정될 가능성이 있다.
5) 소년법 폐지	아이들은 아직 미성숙하기 때문에 성인과는 다른 기준을 마련해서 교화해야 한다.

보기

가 사형 제도를 반대하는 이유가 무엇입니까?
나 사형 제도가 있다고 해서 흉악 범죄가 줄어들지 않을 뿐더러 재판 결과에 잘못이 있을 가능성이 **없지는 않기** 때문입니다.

연습해 봅시다

• 미래의 생활 변화에 대해서 보기 와 같이 이야기하십시오.

미래의 생활 변화
보기 종이 화폐가 거의 사라지고 가상 화폐가 일상생활 속에 자리 잡을 것이다.
1) 무인 비행기가 물건을 배달하고 무인 비행 택시와 자율 주행 택시도 등장할 것이다.
2) 매장에 들어가서 물건을 바로 들고 나오기만 하면 결제가 되는 곳이 많아질 것이다.
3)

보기

가 과학 기술은 나날이 진화하는 것 같아요. 얼마 전까지는 상상도 하기 어려웠던 일들이 우리 눈앞에 펼쳐져서 이제는 생활을 바꾸고 있어요.

나 네, 뉴스를 보니까 앞으로 종이 화폐가 거의 사라지고 가상 화폐가 일상생활 속에 자리 잡을 거래요. 이런 과학 기술의 발전이 미래의 생활을 더 편리하게 해 줄 거라는 것은 **인정하지 않을 수 없어요.**

복습

1 알맞은 단어를 골라서 (　　)에 쓰십시오.

빈번하다　　미흡　　안전망　　삭막하다　　근시안　　진화

층간 소음으로 인한 갈등이나 쓰레기 무단 투기 문제 등 지역 사회에서 ① (　　　　　)게 발생하는 문제의 해결 방안을 마련하기 위한 토론회가 열렸다. 토론회에 참가한 한 주민은 주민들의 일상생활과 밀접한 문제인 만큼 ② (　　　　　)적인 시각으로 접근할 것이 아니라 장기적인 시각으로 봐야 한다고 밝혔다. 또 다른 주민은 주민 간의 갈등이 심화되었을 때에도 지자체의 대처가 ③ (　　　　　) 했다면서 지자체의 적극적인 개입을 강조했다.

암울하다　　미비　　붕괴　　번성　　멸종　　비일비재하다

여러 나라의 학자들이 한자리에 모여 ④ (　　　　　) 위기의 동물들을 구하기 위한 방법을 논의했다. 미국 대표는 한때 ⑤ (　　　　　)했던 많은 동물들이 도시 개발로 인해서 살 곳을 잃어 가고 있다면서 이는 생태계의 ⑥ (　　　　　)으로/로 이어질 것이라고 경고했다. 한국 대표는 인류가 동물과 함께 살아갈 방법을 찾지 않으면 인류의 미래는 ⑦ (　　　　　)을/ㄹ 것이라고 발언했다. 호주 대표는 동물 보호와 관련된 각 나라의 법과 제도가 ⑧ (　　　　　)함을 지적하면서 특히 ⑨ (　　　　　)게 일어나고 있는 불법 사냥을 적극적으로 막아야 한다고 주장했다.

2 다음 문법을 사용하여 이야기를 완성하십시오.

-는 탓에　　-지 않을 수 없다

가 월드컵 축구 16강에서 우리나라가 3 대 1로 졌더라고요.

나 저도 경기를 봤어요. 차분히 경기를 풀어 나갔으면 좋았을 텐데 이기려는 의욕이 ① ________________ (앞서다) 골을 넣으려고 너무 서둘렀어요.

가 맞아요. 온 국민이 응원하는 큰 경기인 만큼 선수들에게 부담이 ② ________________ (크다) 기 때문에 정말 아쉬운 경기였어요.

14과

한국인의 정서와 사상

01 한국의 전통 윤리

대화 어휘 경천애인, 공경, 도의, 선비, 안목, 고리타분하다, 정진하다, 항거하다, 고스란히

확장 어휘 강제력, 경시, 공권력, 사고력, 상실, 순발력, 인본주의, 잠재력, 지구력, 파괴력, 폄하, 풍조, 피상적, 확립, 황금만능주의

문법 -겠거니 하다

02 현대인의 가치관

대화 어휘 좌우명, 떠다니다, 얽매이다, 연연하다 정립하다, 길잡이가 되다, 과감히, 모조리

확장 어휘 소신, 지표, 공감하다, 떠내려가다, 떠넘기다, 떠돌아다니다, 떠맡다, 떠밀다, 떠안다, 느슨하다, 주체적이다, 거리낌 없이, 거침없이

문법 -을 바에야

MP3 / 27

1. 한국의 전통 윤리

- 여러분이 알고 있는 한국의 전통 윤리가 있습니까?
- 여러분 나라에서 가장 중요시하는 전통 윤리는 무엇입니까?

발표자 저는 오늘 한국의 전통 사상과 윤리의 바탕이 되는 경천애인 정신에 대해서 발표하려고 합니다. 경천이란 만물을 탄생시키고 길러 주는 하늘을 공경한다는 뜻입니다. 그리고 애인은 이러한 하늘의 특징을 고스란히 지니고 있는 존재인 인간을 소중히 여긴다는 것을 뜻합니다. 이런 인간 존중의 정신을 밑거름으로 하여 한국 사회에 효 문화가 자리를 잡았습니다. 또한 경천애인의 태도는 모든 사람이 평화롭게 사는 것을 지향함으로써 평화 애호 정신과 국난 극복의 원동력이 되기도 했습니다. 이러한 정신을 바탕으로 조선의 선비는 도의에 어긋나거나 옳지 않은 일에 항거하였고 개인의 이익보다 백성의 삶을 우선시하였습니다. 사람이라면 인간다운 인간, 도덕성을 갖춘 인간이 되기 위해서 정진해야 한다고 가르쳤습니다. 따라서 현대인들은 전통 사상이 고리타분하겠거니 하고 무조건 외면할 게 아니라 전통을 긍정적으로 보는 안목을 가져야 합니다. 그리고 한민족의 고유한 특성과 인류의 보편적 가치를 조화시켜 전통을 창조적으로 계승할 수 있어야 합니다.

경천애인 공경하다 고스란히 선비 도의 항거하다
정진하다 고리타분하다 안목

어휘1

피상적인 인간 관계 황금만능주의 인간성 상실 정신적 가치 폄하 생명 경시 풍조	→ 인본주의 사상 생명 존중 사상 →	상실된 인간성 회복 정신적 가치 존중 인간 중심의 규범과 질서 확립 생명의 존엄성 인정

• 우리가 계승하고 발전시켜야 할 전통 윤리에 대한 발표입니다. (　　)에 알맞은 표현을 쓰십시오.

발표자 현재 한국 사회의 문제점을 극복하고 바람직한 사회를 만들어 나가기 위해서 우리의 전통 윤리 중 계승 발전시켜야 할 것들이 있습니다. 첫째, 우리 민족이 최초의 국가를 건설할 때부터 존재하였던(보기 인본주의 사상)입니다. 사람을 모든 가치의 중심에 두는 사상을 말합니다. 인본주의는 현대의 황금만능주의에 의해서 ① (　　　　　)된 인간성과 폄하된 정신적 가치를 회복시켜 줍니다. 또한 인간 중심의 규범과 질서를 ② (　　　　　)하게 하여 현대 사회의 문제를 극복하고 미래 사회에 대한 희망을 가질 수 있게 합니다. 둘째는 ③ (　　　　　) 입니다. 현대 사회의 생명 ④ (　　　　　) 풍조는 심각한 사회 문제를 야기하고 있습니다. 그러므로 생명의 ⑤ (　　　　　)을/를 인정했던 우리의 전통 윤리를 계승하고 발전시키는 것이 바람직합니다.

• 한국의 전통 윤리가 영향을 미치고 있는 상황에 대해서 보기 와 같이 이야기하십시오.

보기

가 최근에 제가 지원한 회사의 홈페이지에서 '사람 중심 경영'이라는 문구를 봤어요. 기술이 발달하고 혁신이 일어나도 결국 사람이 일을 하는 것이니 **인본주의** 경영을 하자는 말이었어요. 최근 들어 **인본주의** 경영을 중시하는 회사가 많아지고 있어요.

나 저는 지방 소도시의 구청에서 '희망 나눔 헌혈 캠페인'을 했다는 기사를 봤어요. **생명 존중** 문화를 확산해서 생명의 소중함을 느끼고 더불어 사는 지역 사회를 만들자는 취지래요.

어휘2

원동력 공권력 강제력 파괴력 순발력	통찰력 잠재력 지구력 사고력

• 다음은 신문 기사입니다.(　　)에 알맞은 표현을 쓰십시오.

연세일보

기사입력 2020.07.25. 기사원문 스크랩 본문듣기 · 설정 431 140 요약봇 Beta 가

강제력 행사 할까 말까, 광화문 천막 전쟁에 난감한 경찰

최근 집회·시위에서 경찰의 물리력 행사로 인한 인권 침해 논란이 이어지면서 경찰은 (보기 공권력) 투입을 최대한 자제하는 상황이다.

경찰 관계자는 "미신고 집회라도 폭력적으로 나아가지 않는 이상 ❶ (　　　　　)을/를 행사하지 않고 사후에 주최자를 처벌하는 방식으로 조치하고 있다."라고 말했다.

연예

20년 만에 만난 한규석·최영식

영상 · 포토갤러리

"이게 전부 가짜 명품 시…"

"화상과 싸우고 있는 코…"

4주년 '문제적 여자' 출연진의 매력

예능 프로그램 '문제적 여자'가 4주년이 됐다. 담당 피디(PD)는 인터뷰를 통해서 '문제적 여자' 출연진의 매력을 밝혔다.

"김지선은 사고의 전환도 빠르고 보는 방향도 다양하고 프로그램의 흐름을 파악할 수 있는 ❷ (　　　　　)이/가 있다."

"하석희는 ❸ (　　　　　)이/가 좋은 친구다. 뭐 하나 던져 주면 끝까지 뭐라도 만들려고 한다. 끈기 있게 한다."

마지막으로 피디는 "다들 프로그램에 대한 애정이 있다. 그것이 우리 프로그램을 있게 해 준 ❹ (　　　　　)이/가 아닐까 싶다."라면서 출연진에 대한 감사를 표했다.

• 힘이나 능력과 관련하여 보기 와 같이 이야기하십시오.

보기

가 요즘 수학을 포기하는 학생들이 많은 것 같아요. 저도 고등학교 때 수학을 포기할 뻔했어요. 그런데 그때 수학 선생님 덕분에 오히려 수학을 좋아하게 되었어요. 학생들에게 수학적 사고력과 호기심을 키워 주기 위해서 이런 저런 게임 방식으로 수업을 진행하셨어요.

나 정말 훌륭한 선생님이셨네요, 학생들 자신도 몰랐던 수학적 재능을 찾아주시고. 사실 학생들의 잠재력을 키워 주는 게 교사의 역할이죠.

-겠거니 하다

동사나 형용사에 붙어서 마음 속으로 추측하는 내용을 나타낸다.

- 부모님이 도와주시겠거니 하고 은행에서 대출받을 생각을 안 했어요.
- 아침 시간이라서 영화 보는 사람이 별로 없겠거니 하고 예매를 안 했어요.
- 폭설 때문에 다들 지각하겠거니 했는데 늦은 사람이 아무도 없었어요.
- 할인 행사 중이니까 가격이 좀 떨어졌겠거니 하고 가방을 사러 갔는데 마음에 드는 가방은 할인 제외 상품이더라고요.

가 이번 오디션 프로그램에 참여하기로 마음을 먹었을 때 본선에 진출할 수 있을 거라고 예상을 했습니까?
나 예선에서 탈락하겠거니 했는데 본선까지 진출하게 돼서 정말 행복합니다.

가 지난번에 소화가 잘 안 된다고 하더니 좀 어때?
나 가벼운 소화 불량이겠거니 하고 병원에 갔는데 의사 선생님이 역류성 식도염이래. 자기 전에 아무것도 먹지 말라고 하시더라고.

- 영수 씨는 어느 날 갑자기 팔이 아파서 이런 저런 방법으로 통증을 줄여 보고자 했습니다. 보기와 같이 이야기하십시오.

	추측	결과나 행동
보기	똑바로 누워서 자면 나을 것이다.	계속 팔이 아팠다. 진통제를 먹었다.
1)	진통제를 먹으면 통증이 사라질 것이다.	팔 통증도 여전하고 뒤 목이 당겨서 한의원에 갔다.
2)	한의원에 가서 침을 맞으면 괜찮아질 것이다.	상태가 좋아지지 않아서 정형외과에 갔어요.
3)	정형외과에 가서 물리 치료를 받으면 통증이 없어질 것이다.	통증이 계속되니까 의사 선생님이 대학 병원에 가서 정밀 검사를 받아 보라고 했다.
4)	대학 병원에 가서 정밀 검사를 받고 나면 수술을 받으라고 할 것이다.	수술을 하지 않고 새로 개발된 신약으로 주사 치료를 하라고 했다.
5)	치료 사례가 별로 없어서 치료 효과가 크지 않을 것이다.	이제 통증이 거의 없어요. 한 달 후에 병원에 가서 재검사를 받기로 했어요.

보기

가 이제는 팔이 괜찮은가 봐요. 지난번에는 계속 팔을 주무르더니. 어떻게 된 거예요?
나 어느 날 팔이 저리기 시작했어요. 잠자는 자세가 안 좋아서 그런가 싶었어요. 팔이 눌리지 않게 똑바로 누워서 자면 낫겠거니 했는데 계속 아팠어요. 그래서 진통제를 먹었어요.
가 진통제를 먹고 좋아졌어요?
나 ……

연습해 봅시다

• 다음 한국의 전통 윤리와 사상에 대해서 보기 와 같이 이야기하십시오.

전통윤리	내용
보기 선비 정신	조선 시대의 선비는 평소에 학문에 힘쓰면서 인간의 욕망을 물리치고 엄격한 자기 수양을 했다. 그러나 국가가 위기에 처했을 때는 도의를 실천했다. 이와 함께 예술적 소양을 갖춰서 품격을 잃지 않았다.
1) 효 정신	효(孝)는 모든 행실의 근본이다. 집에 들어와서는 효도하고 나가서는 웃어른을 공경하는 것이 사람의 도리였다. 효 정신은 가족 윤리에서 곧 경로사상을 바탕으로 하는 사회 윤리가 되었다.
2) 홍익인간 정신	홍익인간 사상은 널리 인간을 이롭게 한다는 의미로 우리 민족의 사상적 바탕이 되어 왔다. 우선 홍익인간 사상은 인간을 최고의 가치를 지닌 존재로서 존중하는 데 의미가 있다.
3)	

보기

가 조선 시대의 선비들은 학문과 엄격한 자기 수양에만 **힘썼겠거니 했는데** 국가가 위기에 처했을 때는 의리로 일어섰군요. 시와 서화, 음악 같은 예술에도 조예가 깊었고요.

나 네, 조선 왕조가 추구한 모범 인간형이 '선비'였다고 해요. 인간의 **정신적 가치를 존중**했기 때문에 이성과 감성을 두루 갖추고 세상을 보는 **통찰력**을 지닌 선비들의 정신을 추구했던 것 같아요.

2. 현대인의 가치관

연령대별 직업 가치관 1~3위

10·20대		30·40대
몸과 마음의 여유	1위	직업 안정성
직업 안정성	2위	몸과 마음의 여유
성취	3위	성취

<자료:한국고용정보원>

인생관 변화: 균형

사회 조사 결과

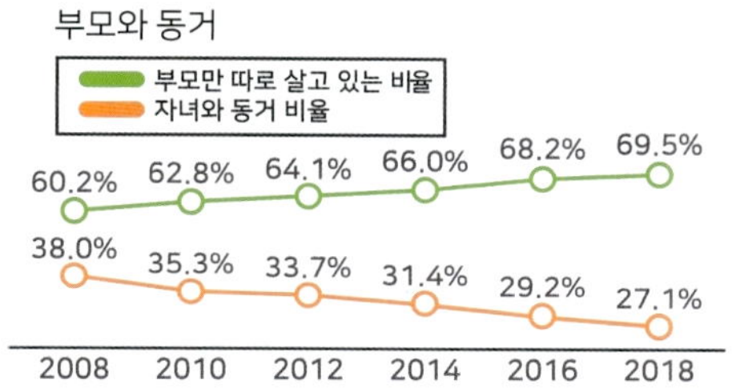

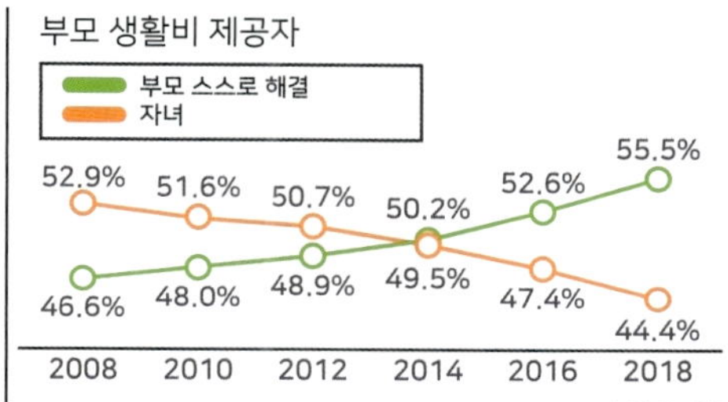

출처:통계청

- 현대인의 가치관은 과거와 어떻게 달라졌습니까?
- 가치관이 변한 이유가 무엇이라고 생각합니까?

리타오 존 씨는 좌우명이 뭐예요? 좌우명을 마음에 되새기면서 실천하다 보면 그것이 길잡이가 되어서 세상을 바라보는 올바른 가치관을 확립하게 된다고 해요.

존 제 좌우명은 '크게 바라보고 더 넓게 바라보자'예요. 작은 것들에 연연해서 감정을 낭비할 게 아니라 큰 것을 바라보고 생각도 크게 한다면 작은 일에 얽매여서 스트레스를 받는 일이 줄어들 거예요.

리타오 제 좌우명은 '생각하는 데 시간을 쓰지 말고 행동하자'예요. 실천하지 않으면 어떤 계획도 모조리 사라질 수 있으니까요. 계획을 세우느라고 오랫동안 심사숙고한다고 해서 상황이 크게 달라지지 않는다고 봐요. 앉아서 고민하는 데 시간을 쓸 바에야 과감히 실행에 옮겨 보고 부족한 부분을 채워 가는 게 낫다고 생각해요.

존 역시 리타오 씨다운 좌우명이네요. 어쨌든 자신의 일상을 되돌아볼 여유도 없이 바쁘게 사는 현대인들이 올바른 가치관을 정립하기 위해서라도 좌우명을 하나씩 가질 필요가 있어요. 인생의 의미를 찾지 못한 채 목적지 없이 바다를 떠다니는 배와 같은 삶을 살면 안 되니까요.

좌우명　길잡이가 되다　연연하다　얽매이다　모조리　과감히　정립하다　떠다니다

어휘 1

청년 세대의 성향	
가치관 좌우명 주체적인 삶 소신 자신이 정한 지표 느슨한 관계 / 비정기적인 모임 거침없이 거리낌 없이	정립하다 / 확립하다 삼다 추구하다 가지다 따르다 선호하다 행동하다 표현하다

• 다음은 청년 세대를 대상으로 가치관을 조사한 보고서의 일부입니다. (   )에 알맞은 표현을 쓰십시오.

청년 세대는 자신을 중심으로 하는 (보기 주체적인) 삶을 추구하고자 한다. 이들은 출세가 자신의 행복을 위한 길이 아니라는 것을 깨닫고 사회가 정한 기준에서 벗어나서 자기 자신이 정한 ① (   )을/를 따른다. 사회나 타인에게 인정받는 삶의 방식보다 자신에게 맞는 방식을 택하여 살고자 하는 것이다. 이들은 자신이 옳다고 생각하면 ② (   )을/를 가지고 ③(   ) 행동하고 남의 눈치를 보지 않고 자신의 생각을 거리낌 없이 표현한다. 한 직장이 아니라 다양한 직업을 가지고 사는 것과 결혼을 선택하지 않는 비혼의 삶에 ④ (   )으며/며 취향이나 취미가 비슷하다면 처음 만나는 사람과도 쉽게 교류할 수 있다. 친목을 강요하지 않는 모임을 선호해서 취향을 중심으로 교류하면서도 ⑤ (   ) 모임 같은 느슨한 관계를 추구한다.

• 여러분은 가치관이나 좌우명, 꿈이 왜 필요하다고 생각합니까? 보기 와 같이 이야기하십시오.

보기

가 **가치관**과 꿈은 다른 것 같아요. 여행에 비유하자면 **가치관**은 여행의 목적이나 여행을 통해서 **추구하는** 것이고 꿈은 자신이 가고 싶어 하는 여행지라고 할 수 있을 것 같아요.

나 그렇지요. 세상을 어떻게 바라볼 것인가 하는 **주체적**인 기준과 **지표**가 바로 **가치관**이라고 생각해요. 올바르게 **정립된 가치관**은 나아갈 길을 제시하는 나침반이 될 수 있어요.

어휘2

떠내려가다	떠넘기다
떠다니다	떠밀다
떠돌다	떠맡기다
떠돌아다니다	떠안다

• 다음은 영수가 진수에게 보낸 휴대폰 메시지입니다. (　　)에 알맞은 표현을 쓰십시오.

9월 30일 월요일

영수 진수야 미안해. 내가 아무 설명도 없이 사라져서 많이 놀랐지? 내가 해야 할 일들을 모두 너한테 (보기 떠넘긴)는/은/ㄴ 것 같아서 미안해. 하고 싶어 하지 않는 너를 내가 ① (　　　　)어서/아서/여서 할 수 없이 부회장 일을 ② (　　　　)게 한 것도 미안한데 이번 일로 너를 더 힘들게 하는구나.

12월 5일 목요일

영수 오랜만이다. 잘 지내지? 그동안 나는 전국을 ③ (　　　　)었어/았어/였어. 배낭 하나만 메고 혼자서 이 생각 저 생각에 울었다 웃었다 하면서 이곳저곳을 떠다니다가 보니 어느새 두 달이 훌쩍 지나갔네. 곧 돌아갈게.

12월 9일 월요일

영수 일이 생겨서 처리하느라고 그동안 연락을 못했어. 며칠 전에 강가에서 텐트를 치고 자는데 갑작스럽게 쏟아진 폭우에 강물이 불어나서 텐트와 함께 ④ (　　　　)을/ㄹ 뻔했어. 그래도 다친 데는 없어. 곧 갈게.

12월 12일 목요일

영수 조금 전에 집에 도착했어. 내일은 학교에 가려고 해. 지금 생각하면 그 일이 그렇게 견디기 힘든 일이었나 싶지만 그때는 나에 대해서 ⑤ (　　　　)는/은/ㄴ 소문을 듣고 아무렇지도 않은 척 학교에 나갈 수가 없었어. 만나서 이야기하자.

• 일을 서로 미루는 상황에 대해서 보기 와 같이 이야기하십시오.

보기

가 수영 대회를 못하게 될지도 모른다는데 들었어요?
나 네, 강 주변의 시설에서 배출된 폐수와 오물들이 떠내려와서 강물 위에 둥둥 **떠다닌대요**. 악취도 나고요.
가 평소에 수질 관리가 제대로 안 되고 있었는데 인접 도시들이 서로에게 책임을 **떠넘기고** 있어서 해결이 쉽지 않은가 봐요.

-을/ㄹ 바에야

동사에 붙어서 앞 문장의 내용을 거부하고 뒤 문장의 내용을 선택함을 나타낸다.

- 제일 뒷좌석에 앉아서 공연을 볼 바에야 집에서 TV로 보는 게 나아.
- 원하지도 않는 전공 공부를 할 바에야 대학을 그만두고 취업해서 돈을 벌래요.
- 어차피 지금 뛰어가서 30분 늦었다고 선생님께 야단을 맞을 바에야 아침 식사하고 천천히 가라.
- 가게에 앉아서 손님이 오지 않는다고 불안해할 바에야 당분간 가게 문을 닫고 여행이라도 갔다가 오는 게 낫겠어.

가 다른 사람들은 네가 하려는 일을 이해하지 못할 거야. 혼자 사는 세상이 아니니 다른 사람들의 생각을 무시할 수는 없다고 봐.
나 사회적 통념에 갇혀서 하고 싶은 일을 못하고 살 바에야 차라리 머리 깎고 산으로 들어가겠어요.

가 영수야, 너 요즘 딴사람 같다. 에너지도 넘치고 일도 열심히 하고.
나 부모님이 요즘 나한테 하시는 말씀이 있어. 매일 놀고먹는 나한테 재산을 물려줄 바에야 장학재단에 기부해 버리시겠다고. 그러니 열심히 하지 않을 수 없지.

- **영수 씨가 전세로 살고 있는 집의 주인이 전세금을 올려 달라고 해서 집을 지을까 생각 중입니다. 보기 와 같이 이야기하십시오.**

	현실	선택
보기	살던 집 주인이 이 집에서 계속 살려면 전세금을 9000만 원 올려 달라고 한다.	그 돈으로 내 집을 지어야겠다.
1)	공사비를 줄이려면 자재를 좀 싼 걸 써서 지으면 된다.	번거롭더라도 발품을 팔아서 자재를 직접 구입하겠다. 그럼 같은 가격에 품질 좋은 자재를 쓸 수 있다.
2)	교통이 좋은 곳에 지으려면 지금 사는 전셋집보다 작은 집밖에 못 짓는다.	교통이 좀 불편하더라도 땅값이 싼 교외로 나가서 여유 있는 공간에서 살겠다.
3)	꽃과 나무가 있는 앞마당을 만들려면 꽤 많은 추가 비용을 들여야 한다.	예쁜 화분 몇 개 들여놓고 살겠다.
4)	단독 주택은 건축비의 10% 이상이 설계비로 나간다.	시간은 걸리겠지만 자료를 찾아보면서 내가 직접 설계하겠다.
5)	지난 4년간 부모님 댁에서 대신 키워 주고 있는 반려견을 데리고 온다.	마당에서 키울 수 있는 큰 반려견을 입양하겠다.

보기

가 집 지을 땅을 보고 왔다고? 왜 갑자기 교외에 집을 지을 생각을 했어?
나 집주인이 전세금을 9000만 원이나 올려 달라고 하더라고. 9000만 원을 올려 **줄 바에야** 그 돈으로 내 집을 지어야겠다는 생각을 한 거지.
가 집 지을 땅도 구입해야 하고 집 설계도 해야 하고 돈이 많이 들 텐데. 비용을 줄이려면 …

연습해 봅시다

- 여러분의 가치관이나 좌우명에 대해서 보기와 같이 이야기하십시오.

	가치관/ 좌우명	의미
보기	인생은 한 번뿐이다.	막연한 미래를 위해서 현재의 삶을 희생하지 않고 지금의 행복에 의미를 둔다.
1)	일과 삶의 균형을 잃지 말자	평생을 함께할 가족과의 시간을 소홀히 하며 회사 업무에 에너지를 쏟기보다는 돈을 좀 덜 벌더라도 일과 삶의 균형을 유지하면서 사는 삶을 살고자 한다.
2)	일상에서 느끼는 작은 행복에 집중하자	주택 구입, 취업, 결혼 등 불확실한 행복을 좇기보다는 일상에서 성취하기 쉬운 소소한 행복을 추구한다.
3)		

보기

가 저는 제가 좋아하는 취미 활동을 하고 싶은데 월급의 대부분을 저축하고 있어요.

나 저도 예전에 그랬어요. 부모님께서 자기 집이 없으면 계속 **떠돌아다니면서** 살게 된다고 돈을 모아서 집부터 장만하라고 하셔서요. 그런데 사는 게 너무 재미없었어요.

가 그래서 어떻게 했어요?

나 그래서 확실하지 않은 미래를 위해서 현재의 삶을 **희생할 바에야** 제가 좋아하는 취미 생활과 자기 계발에 아낌없이 돈을 쓰면서 현재의 행복을 찾겠다고 부모님께 말씀드렸어요. 인생은 한 번뿐이라고요. 지금은 부모님도 제 **가치관**을 인정해 주시고 **공감해** 주세요.

복습

1 알맞은 단어를 골라서 (   )에 쓰십시오.

경천애인　상실　경시　안목　황금만능주의　공경　인본주의

① (   )이란/란 '하늘을 ② (   )하고 사람을 사랑하라'라는 뜻으로서 전통 사상의 바탕을 이룬다. 이 사상은 인간을 존중하는 ③ (   ) 이념을 담고 있다. 인간의 존엄성이 ④ (   )되고 인간성이 ⑤ (   )되어 가고 있으며 ⑥ (   ) 풍조가 만연한 현대 사회에서 경천애인 사상은 더욱 빛을 발한다.

과감히　거침없이　고스란히　소신　주체적

인기 배우 박준서가 2년만에 드라마로 복귀한다. 이번 드라마에서 그는 맨주먹으로 앞을 향해 ⑦ (   ) 직진하는 주인공 역을 맡았다. 박준서는 "누구에게도 휘둘리지 않고 ⑧ (   )을/를 지키며 ⑨ (   )으로/로 살아가려는 모습이 드라마를 보시는 분들께 공감과 카타르시스를 느끼게 할 것"이라면서 "원작이 가진 통쾌한 재미와 가슴 벅찬 감동을 ⑩ (   ) 전달할 수 있도록 노력하겠다."라는 포부를 전해서 시청자들의 기대감을 높였다.

2 다음 문법을 사용하여 대화를 완성하십시오.

-겠거니 하다　-을/ㄹ 바에야

가　어제 인사동을 지나다가 멋진 그림이 걸려 있는 갤러리 안으로 나도 모르게 발길이 향하더라. 마치 누가 나를 떠미는 것처럼.

나　회사에 잘 다니고 있어서 이제 그림을 ① ____________________(포기했다)었는데/았는데/였는데 아니었나 보다.

가　응. 이렇게 ② ____________________(미련을 못 버리다) 그림을 다시 시작해야겠어. 주변 사람들이 뭐라고 하든 이제는 내 소신대로 밀고 나가야지.

15과

예술과 문화

01 창조와 예술

대화 어휘 영감, 해부, 창조성, 구현하다, 설계하다, 아우르다, 회자되다, 과감하다

확장 어휘 해명, 해이, 해임, 간결하다, 감미롭다, 기묘하다, 단조롭다, 대담하다, 화사하다, 황홀하다

문법 이자

02 현대 사회와 문화 콘텐츠

대화 어휘 문화, 일상사, 콘텐츠, 타, 교감하다, 누비다, 불러일으키다, 사로잡다, 친숙하다

확장 어휘 대리 만족, 선풍적, 쇄도, 파급력, 협업, 걷잡다, 마주잡다, 어림잡다, 줄잡다, 흠잡다

문법 이야말로

1. 창조와 예술

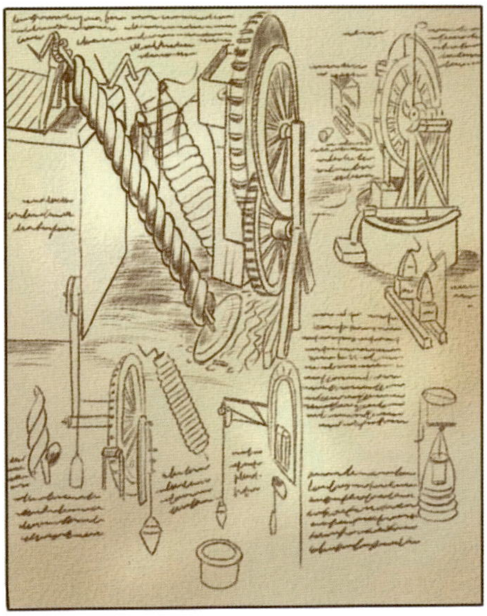

- 사람들은 무엇을 예술이라고 생각합니까?
- 여러분 나라의 유명한 예술가는 누구입니까?

교수 레오나르도 다빈치는 유명한 이탈리아의 화가이자 조각가입니다. 또 음악과 천문학, 건축과 과학, 해부학 등에도 재능을 보였습니다.

다빈치가 지금도 끊임없이 회자되는 이유는 아름다운 그림을 그렸거나 여러 분야를 아우르는 천재였기 때문만은 아닙니다. 먼저 다빈치는 독창성이 뛰어났고 과감했습니다. 이탈리아 최초로 유화를 그렸으며 그림에 원근법을 사용했습니다. 또한 다빈치는 시대를 앞서 나간 아이디어와 그것을 구현해 낼 수 있는 스케치를 남긴 것으로 유명합니다. 인류 최초의 잠수복에 대한 아이디어를 냈고 헬리콥터나 낙하산, 비행기의 설계도를 그렸습니다. 또 인체 해부도를 그리면서 인체를 연구했고 이를 바탕으로 로봇도 설계했습니다.

현대의 많은 예술가들이 그의 작품과 아이디어 노트에서 영감을 얻습니다. 그가 위대한 예술가인 이유가 바로 여기에 있습니다. 다빈치의 창조성은 시대와 분야를 넘나들며 또 다른 창조성을 낳고 있습니다.

해부 회자되다 아우르다 과감하다 구현하다 설계하다 영감 창조성

어휘

어휘 1

시간 예술	음악 문학	단조롭다 대담하다 과감하다 간결하다 강렬하다 황홀하다 기묘하다 감미롭다 화사하다
공간 예술	건축 회화 조각	
시간·공간 예술	무용 연극	

• 다음은 예술 작품에 대한 설명입니다. (　　)에 알맞은 표현을 쓰십시오.

조각	이한영의 조각 작품은 사자, 호랑이, 원숭이와 인간 신체의 부분 부분을 조합해 만들어서 (보기 기묘한)~~은/ㄴ~~ 느낌을 준다.
무용	공연 내내 음악에 맞추어 격렬하면서도 우아하게 움직이는 무용수의 몸짓이 인상에 ① (　　　　　)게 남았다.
문학	올해 최고 문학상을 받은 소설은 문장이 복잡하지 않고 매우 ② (　　　　　)은/ㄴ 점이 독자들의 호평을 받았다. 작가는 자신이 기자 출신이기 때문에 이런 문체로 글을 쓰게 되었다고 말했다.
음악	봄의 아름다움을 담은 음악들은 달콤한 사탕을 먹는 것처럼 ③ (　　　　　)어서/아서/여서 들을 때마다 행복해진다.
연극	어제 본 연극은 특별한 반전이 없이 이야기 구성이 ④ (　　　　　)았지만/었지만/였지만 무대 의상과 조명이 화려하고 아름다워서 ⑤ (　　　　　)었다/았다/였다.

• 예술 작품을 감상한 후에 보기 와 같이 이야기하십시오.

보기

가 어제 현대 무용 <백조의 호수>를 보러 갔는데 내용이 독특했어요. 우리가 다 아는 고전 무용을 완전히 다르게 해석했더라고요.

나 저는 안 봤는데 어떻게 달라졌어요?

가 주인공이 여자에서 남자로 바뀌었고 의상도 현대적인 스타일로 **과감하게** 바뀌었어요. 주인공도 자신의 욕망을 **대담하게** 표현하고요.

어휘2

해부
해명
해고
해결
해임
해이

• 기업에 대한 기사입니다. (   )에 알맞은 단어를 쓰십시오.

제품에 심각한 결함이 있다는 소비자 고발로 시작된 불매 운동은 기업의 뒤늦은 (보기 해명)에도 불구하고 쉽게 가라앉지 않고 있다. 이에 따라 기업은 해당 부서의 책임자를 ❶ (   )하고 관련 임원을 ❷ (   )하는 등의 강도 높은 ❸ (   ) 방안을 내놓고 있으나 소비자들은 제대로 된 사과와 보상이 우선되어야 한다며 목소리를 높이고 있다. 불매 운동에 동참하고 있는 한 소비자는 "제품에 문제가 있다는 고객들의 고발이 처음 시작됐을 때 기업은 바로 해법을 찾았어야 했다."라며 "이 일을 처음부터 심각하게 받아들이지 않았다는 점에서 경영진의 마음가짐이 ❹ (   )했다는 것을 알 수 있다."라고 말했다.

• 해임하는 이유에 대해서 보기 와 같이 이야기하십시오.

기업 - 임원	스포츠 구단 - 감독
정부 - 고위 공무원	대학교 - 교수

보기

가 어떤 경우에 기업에서 임원을 **해임**할까요?
나 경영 실적이 좋지 않거나 도덕적인 **해이**가 발생하면 해임하지 않을까요?
가 그런데 **해임**하기 전에 본인이 해명할 기회를 줘야 하지 않나요? 억울한 상황이 있을 수도 있으니까요.

이자

명사 뒤에 붙어서 일정한 자격과 함께 또 다른 자격이 있음을 나타낸다.

- 나는 1인 기업의 사장이자 직원이다.
- 두 사람은 오랫동안 친구이자 경쟁자였습니다.
- 집안의 가장이자 두 아이의 아버지로서 어깨가 무거워요.
- 철학자이자 수학자인 데카르트는 기하학의 발전에 큰 기여를 했다.

가 이런 기발한 아이디어는 어떻게 생각해 내셨어요?
나 직장 상사이자 대학교 선배이신 부장님께 아이디어를 얻었습니다.

가 올림픽에서 금메달을 따셨는데 소감 한마디만 해 주세요.
나 제 개인의 영광이자 대한민국의 영광이 되어서 매우 감격스럽습니다.

- 다음은 게임 중독을 질병으로 분류하는 문제에 대한 토론회의 참석자 명단입니다. 보기와 같이 이야기하십시오.

참석자 이름	직업 1	직업 2	초대 이유
보기 이민정	작가	대학교수	여러 토론회에서 사회를 본 경험이 풍부하고 진행을 매끄럽게 잘해서 사회자에 적격임.
1) 하종수	보건복지부 장관	정신과 의사	보건복지부의 입장을 시민들에게 전달하고 의사로서의 전문성을 가지고 현 사안에 찬성함.
2) 민주현	문화체육부 장관	심리학자	문화체육부의 입장을 대변하고 심리학자로서 현 사안을 바라보는 시각을 보여 줌.
3) 김주민	학부모 단체 대표	시민 운동가	학부모와 시민의 입장에서 찬성의 입장을 전달할 수 있음.
4) 나영수	게임 회사 대표	프로게이머	게임 업계 종사자로서 반대의 입장을 보임.
5) 지하영	변호사	전직 기자	법률적인 지식이 풍부하고 현 사안에 대해서 객관적인 시각을 보여 줌.

보기

가 이번 토론회에 누구를 모시는 게 좋겠습니까?
나 작가이자 대학교수이신 이민정 씨를 모십시다. 이민정 씨는 여러 토론회에서 사회를 본 경험이 풍부하고 진행을 매끄럽게 잘해서 사회자로 적격이라고 봅니다.

연습해 봅시다

• 각 나라의 유명한 예술가에 대한 대화입니다. 보기 와 같이 이야기하십시오.

예술가	유명한 작품	작품에 대한 설명
보기 베토벤(독일) - 작곡가/피아니스트	교향곡 제5번 C단조 운명	도입 부분이 강렬하며 <운명>이라는 제목은 운명이 이렇게 문을 두드리고 들어온다고 해서 붙여진 이름임.
1) 천경자(한국) - 화가/수필가	장미와 여인	과감한 색깔을 사용했으며 <장미와 여인>이라는 제목은 꽃과 여인이 그림의 주제여서 붙여진 이름임.
2) 셰익스피어(영국) - 극작가/시인	로미오와 줄리엣	감미롭고 비극적인 희곡이며 <로미오와 줄리엣>이라는 제목은 원수의 집안에서 태어난 두 사람의 사랑 이야기이기 때문에 붙여짐.
3)		

보기

가 독일의 유명한 작곡자이자 피아니스트이며 도입 부분이 강렬한 교향곡 제5번 C단조 <운명>을 작곡한 사람은 누구일까요?

나 베토벤이요! 그런데 작품 제목이 왜 <운명>이에요?

가 운명이 이렇게 문을 두드리고 들어온다고 해서 붙여진 이름이래요.

2. 현대 사회와 문화 콘텐츠

- 여러분이 요즘 자주 보는 방송은 무엇입니까?
- 사람들은 어떤 방송에 관심을 가집니까?

연출자 최근 1인 방송 시대로 접어들면서 우리 방송국도 이전과는 다른 획기적인 아이디어로 문화 콘텐츠를 만들지 않으면 살아남을 수 없는 상황이 되었습니다. 오늘 회의에서는 향후 어떤 예능 프로그램을 만들지 의논했으면 합니다.

작가 1 일반 시민들과 교감할 수 있는 프로그램을 만드는 것이 어떻습니까? 최근 화제가 된 타 방송사의 프로그램에서는 대중에게 친숙한 진행자가 전국을 누비면서 시민들에게 문제를 내고 그 과정에서 이런 저런 일상사에 관한 대화를 함께 나누는데 반응이 아주 좋습니다. 대중과 함께 호흡한다는 점에서 시청자의 마음을 사로잡은 것 같습니다.

작가 2 그 프로그램은 방송에 능숙한 진행자와 시민들이 만나서 색다른 재미와 깊은 감동을 주고 있습니다. 특히 시민들의 인생 이야기가 큰 공감을 불러일으킵니다.

연출자 저도 일반 대중이야말로 방송의 주인공이 되어야 한다는 의견에 공감합니다. 그럼 우리도 시민을 방송에 참여시키는 방향으로 기획을 해 봅시다.

문화 콘텐츠　교감하다　타　친숙하다　누비다　일상사　사로잡다　불러일으키다

어휘1

문화 콘텐츠	파급력이 크다 선풍적인 인기를 끌다 기획 취지를 살리다 대리 만족을 느끼다 대중적인 소재를 찾다 협업하다 제작 요청이 쇄도하다

• 다음은 뉴스입니다. (　　)에 알맞은 표현을 쓰십시오.

요즘 (보기 선풍적인 인기를 끌)고 있는 동물 캐릭터가 한국 콘텐츠 사업의 새로운 모델로 떠오르고 있습니다. 이 캐릭터가 나오는 프로그램을 기획한 연출자는 이제 초등학생들조차 어른들이 보는 예능 방송을 보기 때문에 교육 방송의 ① (　　　　　　　　)으면서도/면서도 아이들이 재미있게 볼 수 있는 방송을 만들고 싶었다고 합니다. 이 동물 캐릭터의 인기 비결은 귀엽고 친근한 외모와 다재다능함에 있지만 가장 큰 이유는 자신의 욕망에 충실하게 행동하고 이를 적극적으로 표현하기 때문에 이를 지켜보는 사람들이 ② (　　　　　　　　)는/은/ㄴ 것에 있습니다. 이 캐릭터가 나오는 프로그램의 인기는 식을 줄 모르고 계속되고 있어 프로그램의 구독자 수가 곧 300만 명을 넘을 것 같습니다. 이 동물 캐릭터의 행동과 발언이 폭발적인 관심을 받는 등 프로그램의 ③ (　　　　　　　　)어지자/아지자/여지자 다른 방송 매체들과 콘텐츠 기획자들이 이 캐릭터와 같이 ④ (　　　　　　　　)어서/아서/여서 새로운 콘텐츠를 만들자는 ⑤ (　　　　　　　　)는/은/ㄴ 것으로 알려졌습니다. 이 동물 캐릭터는 침체되어 있는 콘텐츠 시장에 새로운 바람을 불러일으킬 것으로 보입니다.

• 생활 속의 문화 콘텐츠에 대해서 보기와 같이 이야기하십시오.

보기

가 요즘 음식을 먹는 방송인 먹방이 인기예요. 음식을 먹는 사람들을 보면서 **대리 만족을 느낄** 수 있어서 사람들이 즐겨 보는 것 같아요.

나 저는 먹방을 본 적이 없는데 어떤 먹방이 인기가 많아요?

가 아무래도 연예인들이 나오는 먹방이 인기가 많은데 그런 먹방은 **파급력이 커서** 음식 판매량에도 영향을 미친다고 들었어요.

어휘2

사로잡다
걷잡다
흠잡다
줄잡다
마주잡다
어림잡다

• 화가에 대한 기사입니다. (　　)에 알맞은 단어를 쓰십시오.

국립 미술관에 전시되고 있는 유명 화백의 그림에 대한 위작 논란이 (보기 걷잡을) ~~을/ㄹ 수~~ 없이 커지고 있다. 화려한 색감이 관람객의 눈을 ① (　　　　　　)는/은/ㄴ 이 그림이 위작 논란에 휩싸인 것은 화백 본인이 위작이라고 주장했기 때문이다. 국립 미술관 측은 이 그림이 ② (　　　　　　)을/ㄹ 데 없는 진품이며 화백이 터무니없는 주장을 하고 있다고 밝혔다. 이러한 논란에 대해서 한 평론가는 작가와 미술관 측이 같이 손을 ③ (　　　　　　)고 해결 방안을 찾지 않고 논란만 키우고 있다면서 비난의 목소리를 높이고 있다. ④ (　　　　　　)아서/어서/여서 30년 동안 미술계에서 활동하면서 대중성과 예술성 두 마리 토끼를 다 잡은 화가에게 이런 논란은 큰 위기로 보인다.

• 여러분이 만들고 싶은 문화 콘텐츠에 대해서 보기 와 같이 이야기하십시오.

보기

가 우리가 만들 서울 홍보 영상은 서울의 여러 이미지를 모아서 만들어 봤으면 합니다.
나 그런데 그런 영상은 이미 많지 않습니까? 사람들의 눈길을 **사로잡는** 콘텐츠를 만들려면 좀 더 신선한 내용이 필요할 것 같습니다.
가 하루에도 **줄잡아** 수백 건의 서울 관련 영상이 올라오는데 완전히 새로운 내용의 콘텐츠를 만드는 건 어렵지 않을까 합니다.

이야말로/야말로

명사 뒤에 붙어서 앞 말을 강조하여 확인하는 뜻을 나타낸다.

- 지금이야말로 과감한 혁신이 필요할 때로 보입니다.
- 남북통일이야말로 우리 민족의 오래된 소망 중 하나입니다.
- 다른 사람을 배려하는 마음이야말로 현대 사회에서 꼭 필요한 덕목 중 하나이다.
- 김 대리야말로 우리 회사에 없어서는 안 되는 인재예요.

가 의사 선생님께서 운동을 하라는 이야기를 하셨는데 무슨 운동을 해야 할지 모르겠어요. 원래 운동도 잘 못하고요.
나 걷기를 하세요. 걷기야말로 시간과 장소에 구애받지 않고 누구나 쉽게 할 수 있는 운동이에요.

가 한국에서 가장 존경받는 인물을 꼽자면 누구일까요?
나 세종 대왕이야말로 세대를 막론하고 한국인에게 가장 존경받는 인물이라고 할 수 있어요.

- 다음은 인류의 발명품 이야기입니다. 보기 와 같이 이야기하십시오.

발명품	위대한 발명품인 이유
보기 종이	지식과 정보를 기록할 수 있는 매체이다. 종이 덕분에 지식과 정보를 후대에 더 효율적으로 전할 수 있게 되었다.
1) 바퀴	모든 이동 수단이 발전할 수 있게 된 계기이다. 바퀴의 원리를 이용한 도르래 덕분에 어마어마한 무게를 들어 올릴 수 있게 되었다.
2) 시계	하루를 계산할 수 있게 해 주었다. 시계 덕분에 하루 일과를 제어할 수 있게 되었다.
3) 페니실린	인류 최초의 항생제이다. 페니실린 덕분에 인간의 평균 수명이 늘어났다.
4) 인터넷	전 세계를 하나로 연결하는 정보의 바다이다. 인터넷 덕분에 정보를 빠르게 처리하고 받아들일 수 있게 되었다.
5) 숫자	고도의 계산을 가능하게 해 주었다. 숫자 덕분에 컴퓨터와 휴대 전화 등 각종 첨단 기계를 발명할 수 있게 되었다.

보기

가 인류가 이렇게 발전할 수 있었던 이유는 여러 발명품 덕분인데요. 특별히 이것이 없었다면 인류가 지금처럼 발전하지 못했을 거라고 생각하는 발명품이 있나요?
나 저는 종이야말로 인류 역사상 가장 위대한 발명품이라고 생각해요. 종이 덕분에 인류는 지식과 정보를 더 효율적으로 기록할 수 있었고 그 기록을 후대에 전해 줄 수 있었다고 생각해요. 종이는 지금의 인류를 있게 한 위대한 발명품이지요.

연습해 봅시다

• 업무와 관련된 협업 내용입니다. 보기 와 같이 이야기하십시오.

협업	협업 이유
보기 화장 전문가와 화장품 회사의 협업	영향력 있는 화장 전문가가 직접 사용해 본 후에 추천하는 제품에 사람들이 신뢰를 가진다.
1) 스타일리스트와 의류 회사의 협업	유명 스타일리스트가 선보이는 옷이나 신발 등을 사람들이 바로 사고 싶어 한다.
2) 요리사와 식품 회사의 협업	현직 요리사가 제안하는 요리를 보면서 사람들이 그 요리를 바로 먹고 싶어 한다.
3)	

보기

가 최근에 화장 전문가가 자신의 영상에서 추천한 립스틱이 선풍적인 인기를 끌고 있더라고요. 그 영상을 보고 저도 사러 갔는데 이미 품절이었어요.

나 요즘 미용 관련 영상 제작자들의 **파급력이 커져서** 화장품 회사에서 협업하자는 요청이 쇄도한대요. 산업계와의 **협업이야말로** 요즘 영상 콘텐츠의 큰 흐름인 것 같아요.

가 네, 지나친 상품 홍보라는 말도 많지만 소비자 입장에서는 전문가가 직접 사용해 본 후에 추천하는 제품이라서 신뢰할 수 있기 때문에 긍정적인 면이 커요.

복습

1 알맞은 단어를 골라서 (   )에 쓰십시오.

쇄도하다	사로잡다	감미롭다	영감	어림잡다

세계 유명 피아노 대회 우승자에게 인터뷰 요청이 ❶ (   )고 있다. 우승자는 이번 대회에서 ❷ (   )은/ㄴ 피아노 연주로 심사 위원의 마음을 ❸ (   )았다/었다/였다. 이번 달 국내에서 있었던 우승자의 연주회에는 ❹ (   )아/어/여 2천 명의 관객이 들었다고 한다.

구현하다	간결하다	흠잡다	친숙하다	파급력	선풍적

새로 출시된 휴대 전화가 ❺ (   )인 인기를 끌고 있다. 이 휴대 전화는 복잡하지 않은 ❻ (   )는/은/ㄴ 디자인에 최신 기술을 ❼ (   )는/은/ㄴ 휴대 전화로 인터넷 전문 매체에서 ❽ (   )을/ㄹ 데가 없다고 극찬을 하고 있다. 휴대 전화 개발 업체는 일반 대중들에게 ❾ (   )는/은/ㄴ 가수를 기용해서 본격적으로 새 휴대 전화 광고를 시작할 예정이다.

2 다음 문법을 사용하여 이야기를 완성하십시오.

이자	이야말로/야말로

가 대선에 나온 후보가 10명인데 누구를 뽑을 거예요?

나 저는 ❶ ________________ (전 국무총리/ 현 국회의원) 인 1번 후보를 뽑을 거예요. 도덕성도 검증되었고 내세우는 공약도 현실적이라서 마음에 들어요.

가 하긴 ❷ ________________ (도덕성) 대통령에게 필요한 덕목이죠.

16과

남북의 현실

01 언어의 이질성

대화 어휘 새터민, 이질화, 적재적소, 동화되다, 분단되다, 심화되다, 무안하다, 생소하다

확장 어휘 개정, 남용, 막상막하, 모색, 발족, 설왕설래, 실태, 왈가왈부, 자화자찬, 장벽, 직속, 통합, 호형호제

문법 -기 일쑤이다

02 분단과 통일

대화 어휘 국토, 이산가족, 통일 비용, 감당하다, 상봉하다, 염원하다, 뭉클하다, 무수히

확장 어휘 번영, 보유, 선언, 왕래, 제재, 창출, 체결, 포용, 협정, 회담, 가지런히, 각별히, 공연히, 은근히, 톡톡히

문법 -으련만

1. 언어의 이질성

MP3 / 31

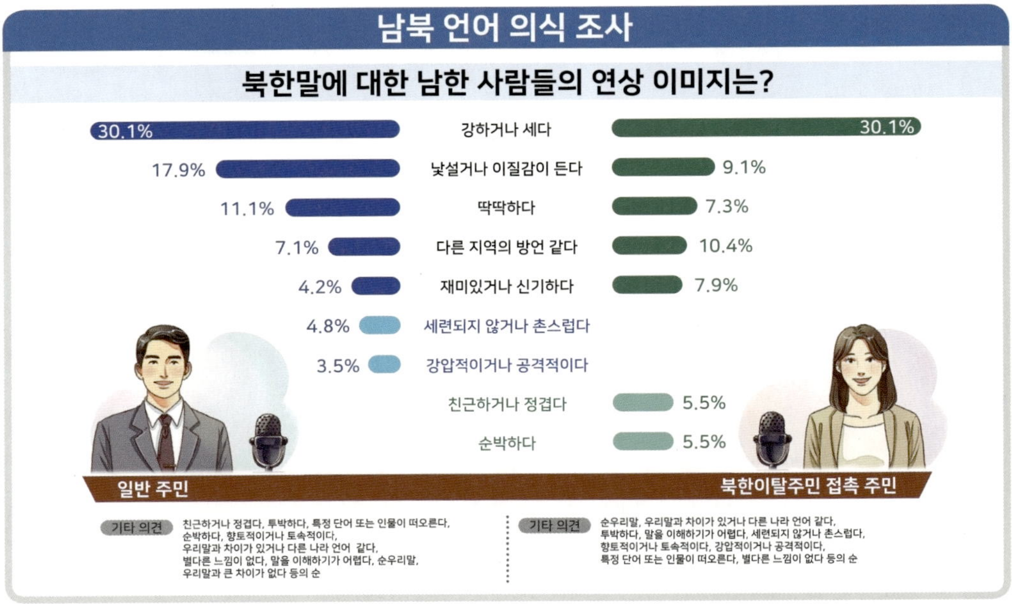

- 여러분은 북한말을 들어 본 적이 있습니까?
- 남북한 언어의 차이가 생긴 요인은 무엇이라고 생각합니까?

사회자 남북이 분단된 지 반세기가 넘어가면서 남북한 언어의 이질화가 심화되고 있습니다. 오늘은 이 문제에 대해서 새터민 한 분의 얘기를 들어 보겠습니다.

새터민 저희가 남한에 와서 언어 차이를 가장 크게 느끼는 부분은 외래어입니다. 저도 처음 남한에 왔을 때 외래어 단어를 몰라서 당황하기 일쑤였고 사고 싶은 물건을 사지 못할 때도 있었습니다. 한번은 화장품 가게에 가서 "살결 물 있어요?"라고 했더니 주인이 "물은 편의점에서 사셔야죠."라고 해서 무안했던 적도 있습니다.

사회자 그 외에 다른 의사소통상의 어려움은 없으셨습니까?

새터민 사과나 감사, 칭찬을 나타내는 표현을 적재적소에 사용하지 못해서 남한 사회에 동화되지 못하는 새터민들도 있습니다. 그리고 북한에 없는 제도나 개념을 표현하는 '총선, 수능 시험, 파업' 같은 단어나 전문 용어, 스포츠 용어 등이 저희들에게는 생소해서 이해하기가 힘듭니다. 단기간에 남북한의 언어 이질화 문제를 해결할 수 있겠습니까마는 정부 차원에서 지속적으로 노력을 해 주셨으면 합니다.

분단되다 이질화 심화되다 새터민 무안하다 적재적소 동화되다 생소하다

어휘

어휘 1

언어의 이질화	
· 맞춤법 개정	· 외국어 남용
· 국어 순화	· 언어 장벽

→

해결 방안		
· 실태 조사	· 정책 수립	· 공동 사업회 발족
· 방안 모색	· 언어 통합	· 대통령 직속 위원회 설치

• 다음은 '남북한 언어의 이질화를 극복하기 위한 방안'을 설명한 글입니다. (　　) 안에 알맞은 단어를 쓰십시오.

1933년 조선어학회가 제정한 '한글 맞춤법 통일안'은 1954년 북한이 '조선어 철자법'을 제정하고 1988년 남한에서도 '한글 맞춤법 통일안'을 (보기 개정)함으로써 규범상 남북 간 언어 차이가 생기게 되었다.

남북언어규범을 중심으로 그 언어적 차이를 살펴보면 자모의 명칭, 발음, 표기법, 띄어쓰기, 어휘 등에서 차이가 있음을 알 수 있다. 특히 북한이 한자를 전면적으로 폐지하고 한글 전용을 실시해 국어 ① (　　　　) 운동을 벌인 이후부터 어휘의 이질화가 심화되었다. 남한에서도 순우리말이 있는데도 외국어를 ② (　　　　)한다든가 외래어를 많이 사용함으로써 남북한의 언어 ③ (　　　　) 이/가 더욱 높아지게 되었다.

한자어	남한	치약	세탁소	녹차	살균	주차장	해열제
	북한	이닦이약	빨래집	푸른차	균죽이기	차마당	열내림약

외래어	남한	아이스크림	커튼	오페라	스파이크	슬리퍼
	북한	얼음보숭이	주름막	노래이야기	순간 타격	끌신

남북 언어의 이질화 문제를 해결하기 위해서 남북은 겨레말큰사전 남북공동편찬사업회를 ④ (　　　　)하고 2005년부터 사전 편찬 작업을 해 오고 있다. 국립국어원은 남북 언어 통합 정책을 ⑤ (　　　　)하고자 '남북 언어 의식 조사'를 시행하였는데 남북 언어 통합 정책을 효율적으로 추진하기 위해서는 국립국어원의 역할을 강화하거나(44%) 대통령 직속 '언어통합위원회'를 설치해야 한다(25.6%)는 응답이 높게 나타났다.

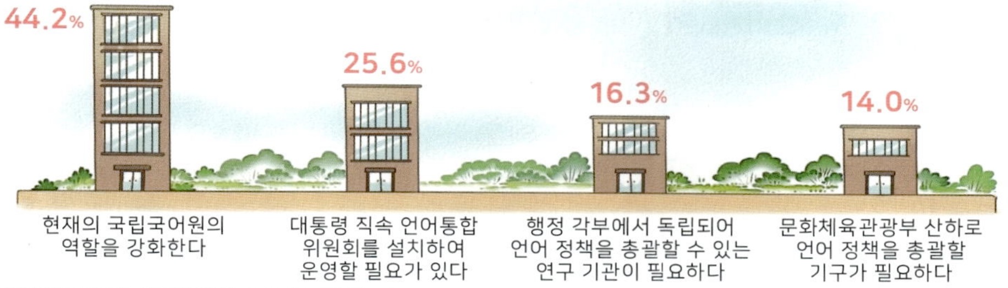

• 남북한 언어의 이질화에 대해서 보기 와 같이 이야기하십시오.

보기

가 남북한 언어의 이질화는 앞으로 통일을 위해서 반드시 극복해야 하며 적극적으로 해결 방안도 모색해야 한다고 봐.

나 맞아. 북한에는 없는 남한의 생소한 단어와 북한과는 다른 의미로 쓰이는 표현들로 인해 새터민들이 언어 장벽을 많이 느낀대.

가 새터민뿐만 아니라 남북한 주민 모두를 위해서 해결책을 찾아야 한다고 생각해. 남한에서 쓰이는 외래어나 한자어의 뜻을 따로 정리해서 분류하고 북한에서 사용하는 단어와 표현에 대해서도 관심을 가져서 서로 소통하는 데 문제가 없도록 해야 할 것 같아.

어휘2

막상막하(莫上莫下)	자화자찬(自畵自讚)
선남선녀(善男善女)	적재적소(適材適所)
설왕설래(說往說來)	호형호제(呼兄呼弟)
왈가왈부(曰可曰否)	

• 다음은 뉴스의 일부입니다. (　　)안에 알맞은 단어를 쓰십시오.

헤드라인

헤드라인 더보기

배우 정 모 씨(57)의 교통사고로 피해자가 사망한 가운데 사고 경위를 비롯한 후속 대처에 대해서 (보기 설왕설래)하고 있다.

박명수 의원은 법무부 장관을 만나 정부 여당이 검찰 수사에 ① (　　　　　) 하는 것은 바람직하지 않다고 말했다.

법조 브로커 윤 모 씨(53)가 '경찰청 최고위직 인사와 친하게 지내며 '경찰 내 정보 라인 경찰관들과는 ② (　　　　　)하는 사이였다'는 등 경찰과의 연루 의혹도 제기되고 있다.

김 감독은 자신이 만든 영화가 각종 영화제에서 27관왕을 달성하여 한국 영화사상 전무후무한 기록을 세웠다며 ③ (　　　　　)을/를 했습니다.

올 시즌 16차례 맞붙었던 KR과 YS는 8승 8패를 기록했고 정규 시즌 88승과 87승으로 승차도 1경기에 불과해서 두 팀의 정규 시즌 성적은 ④ (　　　　　) 였다/이었다.

• 위의 한자 성어를 사용하여 최근에 본 뉴스에 대해서 보기 와 같이 이야기하십시오.

보기

가 배우 김준호 씨와 모델 이지아 씨의 결혼식 장면을 연예 정보 프로그램에서 보여 줬는데 선남선녀가 따로 없더라고요.

나 두 사람이 연상연하 커플인데다가 나이 차이도 많이 나서 처음에 사귄다는 기사가 났을 때 반신반의하는 사람들이 많았는데 결혼까지 하게 될 줄은 몰랐네요.

가 지금도 두 사람의 결혼을 두고 신랑이 아깝다는 둥 오래 가지 못할 거라는 둥 설왕설래하는 모양이에요. 다들 축복은 못해 줄망정 왜 그러는지 모르겠어요.

-기 일쑤이다

동사에 붙어서 어떤 일이 매우 자주 일어남을 나타낸다. 말하는 사람이 그 내용에 대해서 부정적인 태도를 가지고 있다.

- 월말에는 일이 많아서 야근을 하기 일쑤이다.
- 성공한 사람은 박수를 받지만 실패한 사람은 비난의 대상이 되기 일쑤지요.
- 밥은커녕 굶기가 일쑤이고 자식들에게 원망의 소리를 듣는 것은 보통 일이었다.
- 시골의 비포장도로는 노면이 울퉁불퉁해서 차에 탄 사람들이 멀미를 하기 일쑤였다.

가 요즘 바빠 보이는데 식사는 제대로 하고 다니세요?
나 정신없이 일을 하다가 보면 끼니를 거르기 일쑤예요.

가 너는 꼼꼼하고 차분해서 어렸을 때부터 칭찬받고 자랐겠다.
나 아니에요. 어렸을 때는 준비물도 자주 잊어버리고 많이 덜렁대서 선생님께 야단맞기 일쑤였어요.

- 다음은 아르바이트생에게 불만이 있는 가게 주인들의 대화입니다. 보기와 같이 이야기하십시오.

 편의점 아르바이트생	보기 근무 중에 휴대 전화를 본다.
	1) 문을 잠그고 자주 자리를 비운다.
	2) 물건을 옮기다가 음료수병을 자주 깬다.
 카페 아르바이트생	3) 주문을 잘못 입력해서 계산이 자주 틀린다.
	4) 차가 막혔다고 핑계를 대며 자주 지각한다.
	5) 연락도 안 하고 무단으로 결근한다.

보기

편의점 주인 괜찮은 아르바이트생이 있으면 소개 좀 시켜 주세요. 새로 아르바이트생을 구해야 할 것 같아요.

카페 주인 제 코가 석 자예요. 저도 아르바이트생을 새로 구하고 있거든요. 근데 편의점 아르바이트생 새로 구한 지 얼마 되지 않았잖아요? 그 아르바이트생이 무슨 문제라도 있나요?

편의점 주인 말도 마세요. 제가 근무 중에는 휴대 전화를 사용하지 말라고 몇 번을 말했건만 제가 없을 때는 손님이 와도 휴대 전화만 보고 **있기 일쑤예요**. 우리 가게 단골 손님이 저한테 말해 주더라고요. 그리고…

연습해 봅시다

- 남북한 언어의 이질화로 새터민들이 겪는 어려움을 적은 글입니다. 보기 와 같이 이야기하십시오.

보기 저는 탈북한 후 한국 식당에 취직했는데 일이 서투르니까 주변 분들이 도와주려고 하면 항상 "일 없습네다."라고 했습니다. 남한 분들 입장에서는 도와주려고 하는데 자꾸 일 없다고 하니까 기분이 많이 상했다고 합니다.

1) 저는 한국에 온 지 3년이 되었는데 아직도 모르는 말이 많아서 대충 짐작하면서 지냅니다. 보통 외래어 때문에 그렇습니다. 그래서 마트에 가면 사고 싶은 물건이 있어도 이름을 몰라서 한참을 찾아 헤매거나 사지 못하고 올 때도 있습니다.

2) 대학교에 다닐 때 같은 과 여학생한테 '새침떼기'라고 말했더니 그 여학생이 자기를 '새침떼기'라고 불러서 기분이 안 좋다고 하더라고요. 당황스러웠습니다. 북한에서는 '새침떼기'가 예쁘고 애교가 많은 여자들에게 쓰는 칭찬이거든요. 이렇게 단어를 잘못 써서 자주 오해를 받습니다.

3)

보기

가 새터민들이 한국에 정착해서 살기가 쉽지 않을 것 같은데 어떤 어려움이 있습니까?

나 말 때문에 오해를 받기 **일쑤입니다**. 같은 말이라도 남한과 북한에서 그 의미가 다른 경우가 많거든요. 저는 식당에서 일할 때 주변 분들이 도와주려고 하면 항상 "일 없습네다."라고 했습니다. 남한 분들 입장에서는 도와주려고 하는데 자꾸 일 없다고 하니까 기분이 많이 상했다고 합니다.

가 북한에서 '일 없습네다'는 '괜찮습니다'라는 뜻이지만 남한에서는 '귀찮으니 저리 가라'라는 뜻으로 들리거든요. 남북한의 **언어의 장벽**이 높네요.

2. 분단과 통일

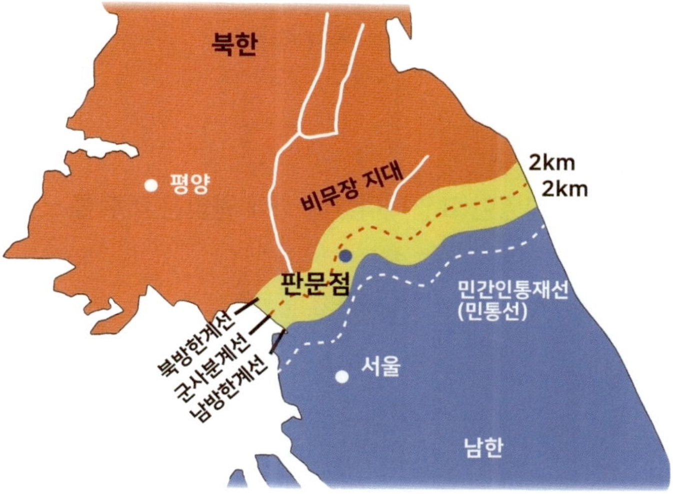

- 여러분은 비무장 지대에 대해서 들어 본 적이 있습니까?
- 남북한이 통일하는 데 가장 큰 걸림돌은 무엇이라고 생각합니까?

노 라 이산가족이 상봉하는 뉴스를 봤는데 정말 가슴이 뭉클하더라. 이산가족 상봉을 신청한 대기자가 아직도 57,000여 명이 넘고 반세기가 넘는 동안 고향 땅을 밟아 보지도 못한 사람들도 무수히 많대. 조금이라도 빨리 통일이 되면 그분들이 돌아가시기 전에 가족들을 만날 수 있으련만 쉽지 않을 것 같아서 안타까워.

정하늘 세계에서 국토가 분단된 곳은 한반도가 유일하니까 남북통일은 이산가족뿐만 아니라 우리 민족 모두의 염원이지만 걸림돌이 적지 않다고 봐. 남북한의 경제적 격차가 심한 상태로 통일이 되면 통일 비용을 남한이 고스란히 감당해야 하는데 이로 인해 생길 여러 가지 문제들을 우려하는 사람들도 많아. 그리고 이해관계가 얽혀 있는 주변국들도 한반도의 통일을 무작정 반기는 건 아닌 것 같아.

노 라 그러니까 정부는 남북통일이 주변국들에게 어떤 이익을 가져올 수 있는지 구체적으로 알리는 외교 활동을 펼쳐야지. 그리고 경제적 부담을 염려하는 국민들을 안심시키기 위한 정책도 마련해야 하고 말이야.

이산가족 상봉하다 뭉클하다 무수히 국토 염원하다 통일 비용 감당하다

어휘

어휘1

한국 전쟁 정전 협정 체결 휴전선 판문점 핵무기 보유 대북 제재	포용 정책 남북 정상 회담 종전 선언	경제적 번영 일자리 창출 자유로운 왕래 통일 비용

• 한반도 분단의 역사를 설명한 표입니다. (   )에 알맞은 어휘를 쓰십시오.

<table>
<tr><td>보기 (한국 전쟁)</td><td>1) (   )</td><td>2) (   )</td></tr>
<tr><td></td><td></td><td></td></tr>
<tr><td>1950년 6월 25일 새벽에 북한군이 남북 군사 분계선이던 38선 전역을 기습적으로 남침함으로써 일어난 한반도에서의 전쟁이다.</td><td>정전이나 휴전 상태의 경계선으로 삼은 선으로 한반도에서는 6.25전쟁의 휴전 협정에 따라 설정된 군사 분계선을 말한다.</td><td>비무장 지대 군사 분계선상에 있는 공동경비구역(JSA)이다. 1953년 정전 협정이 체결된 후 UN과 북한 측의 공동경비구역으로 정해진 구역이다.</td></tr>
<tr><td>3) (   )</td><td>4) (   )</td><td>5) (   )</td></tr>
<tr><td>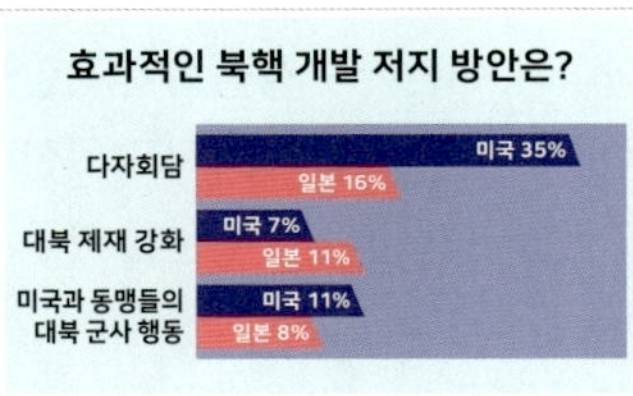
</td><td></td><td>
</td></tr>
<tr><td>주요 관련국이 북한에 대해서 경제적·외교적·군사적으로 압박을 가하기 위해 채택한 수단이다.</td><td>남북한 최고 지도자의 만남으로서 2000년 6월 13일부터 15일까지 2박 3일 동안 평양에서 처음 열렸다.</td><td>남북 교류와 대화, 대북 지원 등의 평화적인 방법으로 북한을 변화시키기 위해서 실행한 대북 정책의 하나이다.</td></tr>
</table>

• 여러분은 남북통일에 대해서 어떻게 생각하십니까? 보기 와 같이 이야기하십시오.

보기

가 저는 남북통일에 대해서 부정적인 입장이에요. 만약 남북이 통일된다면 북한에 부족한 전기, 수도 시설과 도로 등을 정비하고 공공 기관과 여러 시설을 세우기 위해서 엄청난 **통일 비용**이 필요할 거예요.

나 그것뿐이겠어요? 남한과 북한은 법률, 경제 제도, 문화가 다를 뿐만 아니라 심지어 사용하는 언어도 많이 달라졌어요. 따라서 통일 후 경제적 격차와 문화적 차이에서 오는 갈등을 겪게 될 것이고 이로 인해 사회적 혼란이 야기될 수도 있어요.

어휘2

가지런히	무심히
각별히	신속히
공연히	신중히
당당히	은근히
무수히	톡톡히

• (　　)에 알맞은 단어를 쓰십시오.

총무부 김용기 과장님은 자신의 이름값을 (보기 톡톡히) 하시는 분으로 불의를 보면 참지 못하고 ① (　　　　　) 맞서기 때문에 많은 직원들이 좋아하고 따른다. 그분의 책상은 문구며 서류들이 항상 ② (　　　　　) 정리가 되어 있고 업무도 신속히 처리하신다. 또 매사에 ③ (　　　　　) 행동하기 때문에 실수가 적어서 상사들도 믿음직스러워한다. 하지만 이런 과장님을 ④ (　　　　　) 시기하고 미워하는 사람들도 있어서 회사 생활이 순탄하지만은 않다.

• 여러분 주위의 친구나 선후배에 대해서 보기 와 같이 이야기하십시오.

보기

가 제가 **각별히** 아끼는 후배가 있어요. 매사에 **신중히** 말하고 행동하기 때문에 제가 유일하게 믿고 비밀도 털어놓을 수 있는 사람이에요.

나 부럽네요. 요즘 제 주변에는 **공연히** 저한테 화를 내거나 **무심히** 상처가 되는 말을 하는 사람들만 있는 것 같은데요.

-으련만/련만

동사나 형용사에 붙어서 어떤 조건이 충족되었을 때 기대할 수 있는 결과에 대한 추측을 나타낸다. 후행절은 조건이 충족되지 못하여 기대하는 결과가 이루어질 수 없음을 나타낸다.

- 돈이 있으면 장사라도 한번 해 보련만 밑천이 없으니 아무 것도 할 수 없어요.
- 집중하면 30분도 안 걸려서 다 읽으련만 집중을 못하니까 두 시간이나 걸렸다.
- 차를 타고 다니면 편하련만 비가 오나 눈이 오나 자전거를 타고 가겠다고 고집을 부리네요.
- 조금만 더 일찍 병원에 왔으면 병세가 호전됐으련만 이미 병이 너무 악화됐습니다.

가 급하게 필요해서 그러는데 돈 좀 빌려 줄 수 있어?
나 미안해. 여유가 있으면 빌려 주련만 나도 요즘 주머니 사정이 안 좋아.

가 리나 씨가 오늘 행사의 사회자라면서요? 그런데 아직도 안 왔어요?
나 네, 전화번호를 알면 연락이라도 하련만 번호를 모르니 무작정 기다릴 수밖에 없네요.

• 두 정치인의 대화입니다. 보기 와 같이 이야기하십시오.

	정치인 A		정치인 B	
대통령 지지율 하락	보기 국정 운영에 대한 국민들의 신뢰를 회복해야 지지율이 오른다.	장관 임명 문제로 국민들의 불신이 더 깊어졌다.	1) 대통령이 여론에 좀 더 귀를 기울이면 좋겠다.	국민들과 소통을 하지 않는다.
집값 상승	2) 부동산 보유세를 높이면 집값을 안정화시킬 수 있다.	집을 소유한 사람들의 반발이 예상되기 때문에 쉽게 보유세를 높이지 못한다.	3) 사람들이 거주할 목적으로 집을 구입하면 좋겠다.	부동산을 투기의 목적으로 구입한다.
취업률 감소	4) 구직자들이 대기업뿐만 아니라 건실한 중소기업에도 많이 지원해야 한다.	다들 대기업에만 입사하려고 하니 취업의 문턱이 점점 높아진다.	5) 대기업과 중소기업의 임금 격차가 줄고 중소기업의 근무 여건도 개선되어야 한다.	해마다 임금 격차가 커지고 근무 여건도 개선되지 않고 있다.

보기

가 요즘 대통령 지지율이 많이 떨어져서 걱정입니다.
나 국정 운영에 대한 국민들의 신뢰를 회복하면 지지율이 **오르련만** 장관 임명 문제로 국민들의 불신이 더 깊어졌으니 지지율이 떨어질 수밖에 없지요.
가 대통령이 여론에…

연습해 봅시다

• 한반도가 분단되어서 남북한이 겪고 있는 어려움은 무엇일까요? 보기 와 같이 이야기하십시오.

문제	현재 상황	통일 후 상황
보기 고통	휴전선이 가로막혀 있어서 배나 비행기를 이용할 수밖에 없다.	남북한의 철도가 이어지면 남한에서 유럽까지 육로로 갈 수 있다.
1) 경제	북한은 대북 제재로 힘들고 남한은 국방비로 너무 많은 돈을 쓰고 있다.	남한의 기술과 자본에 북한의 풍부한 자원이 결합되면 놀라운 경제 발전을 이룰 수 있다.
2) 이산가족	반세기가 넘는 동안 고향에 가 보지 못한 사람들이 무수히 많다.	오랫동안 만나지 못했던 이산가족들이 자유롭게 왕래하고 함께 살 수 있다.
3)		

보기

가 한반도가 분단되어서 남북한이 겪는 어려움에는 어떤 것들이 있어요?

나 남한이 섬나라처럼 됐다는 거예요. 통일이 되어서 남북한의 철도가 이어지면 남한에서 유럽까지 육로로 갈 수 **있으련만** 지금은 **휴전선**이 가로 막혀 있어서 배나 비행기를 이용할 수밖에 없어요.

가 통일이 되면 육로를 통해 사람이나 물자를 **신속히** 수송할 수 있을 테고 한반도는 무역과 교통의 요충지로 발전할 수도 있을 거예요.

복습

1 알맞은 단어를 골라서 (　　)에 쓰십시오.

분단　장벽　염원　모색　회담　이산가족　통일 비용

독일의 베를린 ❶ (　　　　　)이/가 무너짐으로써 한반도는 제2차 세계 대전 이후 국토가 ❷ (　　　　　)된 채 남아 있는 유일한 지역이 되었다. 한반도의 통일과 평화 정착은 우리 민족 모두의 오랜 ❸ (　　　　　)이고/고 남과 북으로 흩어져 살고 있는 ❹ (　　　　　)들을 위해서도 하루빨리 이루어져야 한다. 2000년 이후 남북의 최고 지도자들이 만나 잇따라 정상 ❺ (　　　　　)을/를 개최한 것을 보면 한반도의 통일이 멀지 않은 것 같다.

동화　실태　새터민　각별히　공연히　무안하다　생소하다

우리 시는 북한을 탈출해서 남한에 정착한 ❻ (　　　　　)에 대해서 ❼ (　　　　　) 신경을 쓰고 있다. 그들이 ❽ (　　　　　)는/은/ㄴ 남한 문화에 잘 적응하고 있는지 ❾ (　　　　　)을/를 파악하고 남한 사회에 ❿ (　　　　　)될 수 있도록 여러 가지 새터민 적응 프로그램을 지원하고 있다. 또한 우리 시에 살고 있는 새터민 청소년들의 진로를 상담해 주고 고충도 해결해 주는 청소년 상담 센터도 운영하고 있다.

2 다음 문법을 사용하여 이야기를 완성하십시오.

-기 일쑤이다　-으련만

가 북한의 핵무기 폐기를 위한 북미 실무 협상을 베이징에서 할 예정이래요. 이번에는 꼭 성과가 있으면 ❶ ____________ (좋다) 양쪽 다 너무 완강해서 협상 결과에 대해서 기대하지 않는 사람이 많은 것 같아요.

나 협상 분위기가 좋다는 뉴스가 나온 후에도 협상이 ❷ ____________ (결렬되다) 이니까/니까 섣불리 기대하지 않는 게 좋겠지요.

17과

인간과 환경

01 환경 오염과 보호

대화 어휘 대기 오염, 정화, 간과하다, 공존하다, 방출하다, 불러일으키다, 촉구하다

확장 어휘 경계심, 노파심, 삼림, 수질 오염, 온실 효과, 의구심, 토양 오염, 황폐화

문법 -었던들

02 환경 문제와 자원

대화 어휘 고갈, 신소재, 이목, 터전, 현안, 직면하다

확장 어휘 수력, 지열, 풍력, 건너다보다, 넘겨다보다, 넘어다보다, 돌아다보다, 바라다보다

문법 -는답시고

1. 환경 오염과 보호

MP3 / 33

- 환경 오염이 우리 생활을 어떻게 변화시킬까요?
- 여러분은 환경을 보호하기 위해서 위해서 어떻게 노력합니까?

기 자 최근 공기가 나빠진 탓에 호흡기 질환으로 병원을 찾는 환자가 급증하고 있습니다. 뿐만 아니라 이제 마스크는 외출 시 필수품이 되어 버렸습니다. 대기 오염의 심각성을 널리 알리고 대책 마련을 촉구하기 위해서 다양한 운동을 벌이고 있는 환경 운동가 리즈 톤버그 씨의 이야기를 들어 보도록 하겠습니다. 대기 오염이 심해진 주요 요인은 무엇일까요?

환경 운동가 도시화와 산업화가 대기에 악영향을 끼칠 것이라는 것이 과학적으로 증명돼 왔으나 우리들은 이를 외면해 왔습니다. 그리고 끝없는 경제 성장만을 좇았습니다. 과학이 주는 경고를 간과하지 않고 받아들였던들 우리와 다음 세대가 떠안아야 할 짐이 이렇게까지 커지지는 않았을 텐데요. 현재 세계 여러 나라에서 방출하고 있는 온실가스의 양은 이미 지구의 자기 정화 능력을 넘어섰습니다. 지구와 인간이 공존하려면 우리는 변화해야 합니다.

기 자 톤버그 씨는 다음 주에 열리는 유엔환경개발회의에 참석해서 연설을 한다고 합니다. 톤버그 씨의 연설이 많은 이들에게 경각심을 불러일으키기를 기대해 봅니다.

대기 오염 촉구하다 간과하다 방출하다 정화 공존하다

어휘 1

토양 오염 대기 오염 수질 오염 소음 공해 이상 기후 지구 온난화 오존층 파괴	해수면 상승 온실 효과 생태계 파괴 동식물 멸종 삼림 황폐화

• 신문 기사의 일부입니다. (   )에 알맞은 단어를 쓰십시오.

보기 기온이 온화한 제주도 등지에서 재배되던 귤이 (지구 온난화)의 영향으로 전남과 경남 등 남해안 지역에서도 재배되고 있습니다.

1) 최근 (   )이/가 심각해지면서 가시거리가 확보되지 않아서 비행기가 착륙하지 못하고 다른 공항으로 우회하는 사례가 있었습니다. 자동차 배기가스, 공장에서 내뿜는 매연, 쓰레기 소각 시 발생하는 유해 물질, 건설 공사장에서 나오는 먼지 등이 더해지면서 공기의 질은 최악의 상황으로 치닫고 있습니다.

2) 정부는 (   )을/를 막기 위해서 공장들에 대한 단속을 강화하겠다고 밝혔습니다. 정부 관계자에 따르면 공장에서 나오는 환경 오염 물질이 하천으로 유출되지 않도록 방지 시설이 제대로 갖춰져 있는지 불시에 특별 점검을 실시할 예정이라고 합니다.

3) 제철소 인근 지역에서 재배된 농작물에서 중금속이 검출됐습니다. 이에 따라서 환경부는 제철소에서 흘러 들어간 중금속이 (   )을/를 유발한 것으로 보고 제철소 주변 토양을 대상으로 정밀 조사에 들어갔습니다.

4) 세계에서 가장 큰 열대 우림의 (   )을/를 우려하는 목소리가 점점 높아지고 있습 니다. 지구의 허파로 불리던 이 열대 우림의 나무들이 대량 벌채되고 있는 데다가 얼마 전에는 큰 산불까지 나서 숲이 훼손되고 있습니다.

5) 전 세계적으로 피부암 환자가 증가하고 있습니다. 이에 대해 전문가들은 (   )으로/로 인해서 지구에 도달하는 자외선이 많아졌기 때문인 것으로 보고 있습니다.

• 환경 오염의 원인과 피해에 대해서 보기 와 같이 이야기하십시오.

보기

가 쓰레기 **매립**은 **토양 오염**뿐만 아니라 **수질 오염**도 유발해요. 매립된 쓰레기에서 나온 오염 물질이 땅속으로 스며들 수 있고 그로 인해서 토양과 물이 오염되면 많은 **식물들이 멸종**될 수 있어요.

나 정말 심각한 문제예요. **식물들의 멸종**은 결국 **생태계의 파괴**로 이어질 것이고 그렇게 되면 우리 인류도 살아가기가 힘들어질 거예요.

어휘2

경각심 의구심 자존심 자부심	이기심 경계심 노파심

• 두 사람의 대화를 읽고 (　　)에 알맞은 단어를 쓰십시오.

윤아 어제 정희가 하는 카페에 갔는데 우리가 주문한 케이크에서 머리카락이 나왔지 뭐야. 그래서 정희에게 이야기를 해 줬어.

하늘 그래? 정희가 뭐래? 혹시 기분 나빠하지 않았어? 정희는 가게가 동네 사람들 사이에서 유명한 만큼 자신의 가게에 대한 (보기 자부심이)이/가 있거든. 게다가 가게의 위생 관리를 철저히 하고 있다고 자랑했잖아.

윤아 정희가 조리 과정에서 머리카락이 들어간 게 아니라 다른 곳에서 들어갔을 거라고 하면서 내 말에 ① (　　　　　)이/가 든다는 듯한 표정을 짓더라.

하늘 그럴 줄 알았어. 정희는 ② (　　　　　)이/가 세서 설사 자신의 실수였다고 하더라도 친구들 앞에서 그걸 인정하기 힘들어할 거야. 그래도 이번 일로 정희는 가게 운영에 대해서 ③ (　　　　　)을/를 가지게 됐겠지. 아마 지금쯤 가게 운영에 잘못된 점이 있는지 전반적으로 확인하고 있을 걸.

윤아 그래. ④ (　　　　　)에서 하는 말이지만 요즘 주변에 카페들이 우후죽순처럼 생겨나고 있으니까 경쟁에서 밀리지 않으려면 신경을 써야 할거야. 물론 정희가 알아서 잘할 거라고 생각해.

• 최근 읽은 책에 대해서 보기 와 같이 이야기하십시오.

보기

가 '봄꽃이 필 무렵'이라는 책 알아? 너무 공감하는 내용이 많아서 책을 펴자마자 시간 가는 줄 모르고 끝까지 다 읽었어.

나 그 책이 요즘 인기가 많더라. 나도 한번 읽어 보고 싶었는데 아직 못 읽었어. 무슨 내용이야?

가 가족들이 바빠서 서로 대화조차 잘 안 하다 보니 사소한 오해들이 쌓여서 결국 사이가 멀어지게 된다는 줄거리야. 그런데 자존심 때문에 서로 먼저 화해의 손을 내밀지 않고 있다가 아버지의 병환으로 다시 가족들이 소통하게 되면서 서로의 소중함을 깨닫게 되지.

-었던들/았던들/였던들

동사나 형용사에 붙어서 지난 사실을 실제와 다르게 가정할 때 쓴다. '-었을 텐데', '-었을 걸' 등의 표현과 자주 같이 쓴다.

- 선수가 경기 도중에 관중석에서 들리는 야유만 참았던들 퇴장 당하는 일은 생기지 않았을 텐데.
- 눈보라가 그렇게 심하지 않았던들 한라산 정상까지 오를 수 있었을 거예요.
- 물의를 일으킨 기업의 대표가 사과했던들 시민들이 불매 운동까지 벌였을까요?
- 정부가 대책 마련을 위해서 노력하는 모습이라도 보여 줬던들 국민들이 등을 돌렸겠어요?

가 의사가 충고했을 때 담배를 끊었던들 폐암에 걸리지는 않았을 텐데 후회가 돼요.
나 지금부터가 더 중요해요. 건강해질 수 있다는 믿음을 가지고 치료와 식이 요법을 병행해 보세요.

가 불과 1년 전만 해도 업계 1위였던 회사였는데 하루아침에 망했다는 기사를 읽고 깜짝 놀랐어요.
나 회사 경영진들이 현실에 안주하면서 타성에 젖은 경영을 하지 않았던들 그렇게 최악의 상황까지 갔겠어요?

• 연말에 친구들이 모여서 한 해를 돌아봅니다. 보기 와 같이 이야기하십시오.

이름	후회되는 일
보기 레오	어느 날 차를 몰고 가던 중 길 한복판에서 엔진 과열로 자동차에 불이 났다. 자동차 점검을 제때 받았으면 이런 일은 일어나지 않았을 것이다.
1) 우진	회사에 다니면서 건강을 생각하지 않고 무리해서 일을 하다가 쓰러져서 입원한 적이 있다. 건강에 미리 신경을 썼으면 입원까지 해야 하는 일이 생기지는 않았을 것이다.
2) 유키	대학원 입학 면접시험을 보는 날 편하게 가려고 택시를 탔다. 그런데 그 택시가 사고가 나서 면접장에 30분이나 늦게 도착했다. 택시를 타지 않았으면 면접장에 늦지는 않았을 것이다.
3) 흐엉	친구들이 주식 투자를 같이 하자고 해서 모아 놓은 돈으로 투자를 했다. 그런데 투자 종목을 제대로 알아보지 않고 투자를 했다가 50%나 손해를 봤다. 미리 정보를 알아보고 투자를 했으면 이렇게 큰 손해를 보지는 않았을 것이다.
4) 리타오	일기 예보를 확인하지 않고 등산을 하다가 폭설이 내려서 몇 시간 동안 고립되어 있었다. 일기 예보를 미리 확인했으면 추운 날씨에 고생을 하지는 않았을 것이다.
5) 민철	친구와 말다툼을 하다가 친구의 마음을 다치게 할 이야기를 했다. 그런데 자존심 때문에 사과를 하지 않아서 사이가 멀어졌다. 그냥 사과를 했으면 이렇게 어색한 사이가 되지는 않았을 것이다.

보기

가 레오야, 며칠 후면 벌써 새해야. 시간 참 빠르다. 올해를 돌아보면 혹시 후회되는 일이 있어?
나 아침 출근길에 차를 몰고 가던 중에 길 한복판에서 엔진 과열로 자동차에 불이 난 적이 있어.
가 그런 일이 있었어? 정말 많이 놀랐겠다. 다친 데는 없었어?
나 응. 다행히 다친 데는 없었어. 자동차 점검 시기가 지났는데 귀찮아서 계속 미뤘거든. 자동차 점검을 제때 **받았던들** 자동차가 길 한복판에서 불이 붙는 일은 생기지 않았을 텐데.

연습해 봅시다

• 환경 오염을 일으키는 생활 습관과 해결 방안에 대해서 보기 와 같이 이야기하십시오.

생활 습관	환경 문제	해결 방안
보기 가까운 거리도 항상 자동차를 타고 이동한다.	대기 오염	가까운 거리는 되도록 걸어 다니고 자전거나 대중교통을 이용한다.
1) 방마다 불을 켜 놓은 채로 생활하고 여름에는 에어컨도 온종일 켜 놓을 때가 많다.	지구 온난화	전기를 절약하는 습관을 생활화하고 고효율 전구와 가전제품을 사용한다.
2) 샴푸나 린스, 주방 세제 등 합성 세제를 너무 많이 사용한다.	수질 오염	가능하면 친환경 제품을 사용하고 합성 세제를 사용할 때는 적정량을 사용한다.
3)		

가 환경 오염이 날이 갈수록 심각해지고 있어요. 시민들도 더 이상 환경 문제를 외면하지 않고 개개인이 일상생활에서 실천할 수 있는 일부터 찾아서 환경 보호에 동참해야 해요. 저는 그동안 가까운 거리도 자동차를 타고 다녔는데 이런 생활 습관부터 고쳐야겠어요.

나 맞아요. 자동차에서 나오는 배기가스가 **대기 오염**을 일으켜서 **지구 온난화**의 원인이 돼요.

가 좀 더 일찍부터 가까운 거리는 걸어 다니거나 자전거를 **이용했던들** 조금이나마 환경 보호에 도움이 됐을 텐데요.

나 지금부터 실천에 옮기면 되지요.

2. 환경 문제와 자원

- 머지않아 다 써서 없어질 자원은 무엇입니까?
- 자원을 다 써서 없어지는 문제를 해결하기 위해서 어떤 일을 해야 할까요?

기 자 세계적인 스포츠 용품 회사에서 최근 폐플라스틱을 재활용해서 만든 운동화를 출시해서 이목을 끌고 있습니다. 제품 개발의 배경과 동기에 대해서 회사 관계자를 모시고 이야기를 나누어 보도록 하겠습니다.

관계자 현재 지구는 환경 파괴, 자원 고갈 등의 문제에 직면해 있습니다. 따라서 우리 회사는 미래를 내다보고 후손들에게 살기 좋은 환경을 물려줄 수 있도록 환경이 파괴되지 않는 범위 내에서만 제품 개발 및 생산을 하고 있습니다. 즉, 환경을 보전하면서 회사의 성장을 이루어 가는 지속 가능한 발전을 추구합니다. 그러다 보니 우리 회사는 해양 오염의 주범인 플라스틱 폐기물을 처리하는 문제에 관심을 가지게 됐고 그 결과 폐플라스틱이 운동화의 소재로 재탄생하게 됐습니다. 신소재를 만든답시고 무분별하게 자원을 사용하거나 이산화 탄소를 많이 배출하면 인류는 삶의 터전을 잃을 수도 있습니다. 환경 문제가 우리 사회의 가장 중요한 현안이니만큼 저희 회사는 앞으로도 지구를 보호할 수 있는 방안을 지속적으로 모색할 것입니다.

이목 고갈 직면하다 신소재 터전 현안

어휘

어휘1

미래 에너지
대체 에너지
바이오 에너지
태양열
수력
풍력
지열
조력
생화학 연료(바이오 연료)

• 에릭의 강의 노트입니다. (　　)에 알맞은 표현을 쓰십시오.

과목: 미래의 과학
날짜: 20XX년 3월 8일

내용
• (보기 미래)에너지: 화석 연료를 대신할 대체 에너지.
• 미래 에너지의 종류
1 (　　　　　　) 에너지: 태양 빛을 이용해 전기를 생산함.
2 (　　　　　　) 에너지: 풍차를 돌려서 에너지를 만듦. 제주도와 대관령 등지에서 이 에너지를 활용하고 있음.
• 3 (　　　　　　) 에너지: 물이 떨어지는 낙차를 이용함.
• 4 (　　　　　　) 에너지: 식물, 미생물, 동물 등이나 음식물 쓰레기, 축산 폐기물 등을 열분해하거나 발효시켜서 만들어 낸 연료.
• 5 (　　　　　　) 에너지: 지구 내부에 축적된 열을 이용한 에너지.

• 여러분 나라에서 가장 많이 활용되고 있는 에너지에 대해서 보기 와 같이 이야기해 봅시다.

보기

가 우리나라에서 가장 많이 활용되고 있는 에너지는 수력 에너지예요. 공해도 없을 뿐만 아니라 설치와 유지에 비용도 적게 들어요.

나 비용 대비 효율성이 높은 에너지인 것은 맞지만 대규모 댐을 건설함으로써 생태계를 교란시키고 지반을 약화시킨다는 점 때문에 반대하는 사람들도 많대요.

어휘2

내다보다 내려다보다 쳐다보다 들여다보다 바라다보다	넘겨다보다 건너다보다 올려다보다 돌아다보다

• 소설의 일부입니다. (　　)에 알맞은 단어를 쓰십시오.

공원을 거닐다가 다리 아래를 (보기 내려다보니)으니/니 연못이 보였다. 연못가로 내려가서 가만히 연못 안을 ❶ (　　　　　)었다/았다/였다. 연못 속에 불혹의 나이를 훌쩍 넘긴 중년의 한 남자가 비쳤다. 오랜만에 얼굴을 유심히 쳐다보니 나도 이제 나이가 들어가고 있다는 걸 새삼 깨달았다. 집에 돌아오는 길에 이삼십 대 때를 ❷ (　　　　　)었다/았다/였다. 그때는 후배들이 감히 ❸ (　　　　　)을/ㄹ 수 없는 지위에 오른 성공한 선배들을 보면서 나도 저렇게 되고 싶다고 생각했었다. 선배들처럼 나도 앞날을 ❹ (　　　　　)는/은/ㄴ 현명함을 갖추고 싶었다.

• 요즘 일상에 대해서 보기 와 같이 이야기하십시오.

보기

가 요즘 난 강아지를 키우는 재미에 빠져서 살아. 하루 종일 강아지만 **바라다봐도** 시간이 금방 가. 강아지가 초롱초롱한 눈으로 날 **올려다볼** 때면 하루의 스트레스가 확 풀리는 느낌이야.

나 얼마나 귀여운지 사진 좀 보여 줘.

-는답시고/ㄴ답시고/답시고

동사에 붙어서 어떤 일을 제대로 하려고 했는데 결과가 만족스럽게 나오지 않았음을 나타낸다.

- 동생이 컴퓨터를 고친답시고 부품을 모두 분해해서 컴퓨터를 완전히 망가뜨렸다.
- 정치를 한답시고 5번이나 선거에 출마해서 집안 돈을 다 써 버렸다.
- 소설가가 되기 위한 경험을 쌓는답시고 여기저기 돌아다니면서 놀기만 한다.
- 친구가 사업을 하겠답시고 대출까지 받았는데 얼마 못 가서 망했다.

가 전에 있던 예쁜 접시는 어디 갔어요?
나 남편이 나를 도와준답시고 설거지를 하다가 깨뜨렸지 뭐예요.

가 미선이가 요즘 모임에 계속 안 나오네.
나 다이어트를 한답시고 밥을 계속 굶어서 영양실조로 병원에 입원했대.

• 회사 동료들이 이야기합니다. 보기 와 같이 이야기하십시오.

한 일	결과
보기 민철 씨는 자기 계발을 위해서 영어 학원 새벽반에 등록해서 아침에 출근하기 전에 영어를 배우고 있다.	피곤해서 하루 종일 회사에서 졸고 있다.
1) 회사 사장이 직원들 간의 친목을 도모하기 위해서 단합 대회를 개최했다.	축구 경기를 하다가 직원들끼리 시비가 붙어서 분위기가 더 나빠졌다.
2) 우진 씨는 편하게 출퇴근하기 위해서 자동차를 샀다.	길이 막혀서 출퇴근이 더 힘들어졌다.
3) 하늘 씨는 사내 신제품 디자인 공모에 참가하겠다고 하루 종일 그림만 그리고 있다.	정작 맡은 일은 제시간 안에 못 끝냈다.
4) 윤아 씨는 점심값을 아끼려고 편의점 김밥만 먹었다.	건강이 나빠져서 병가를 낼까 생각 중이다.
5) 노라 씨는 신입 사원을 도와주기 위해서 이것저것 회사 일을 가르쳐 줬다.	잘못 가르쳐 줘서 결국 신입 사원의 일이 두 배로 늘었다.

보기

가 요즘 민철 씨가 피곤해 보여요.
나 민철 씨가 자기 계발을 **한답시고** 영어 학원 새벽반에 등록해서 아침에 출근하기 전에 영어를 배우고 있는데 피곤해서 하루 종일 회사에서 졸고 있어요. 과장님 눈 밖에 날까 봐 걱정하고 있더라고요.

연습해 봅시다

- 자원이나 에너지를 절약하기 위해서 앞으로 어떤 노력을 하겠습니까? 보기 와 같이 이야기하십시오.

자원 및 에너지	평소 습관	필요한 노력
보기 화석 연료	운전 면허증을 딴 지 얼마 되지 않아서 운전 연습을 하려고 가까운 거리도 차로 이동한다.	가까운 거리는 걸어서 다니거나 자전거를 이용한다. 멀리 외출할 때는 자동차 대신 대중교통을 이용한다.
1) 삼림	좋은 논문을 쓰겠다는 욕심으로 많은 자료를 찾아서 모두 인쇄한다. 하지만 너무 양이 많아서 결국 다 읽지 못한다.	꼭 필요한 부분만 인쇄하는 습관을 들이고 인쇄를 할 때도 이면지를 활용한다. 그리고 되도록 전자책을 이용한다.
2) 물	목욕할 때 깨끗하게 씻기 위해서 샤워기를 계속 틀어 놓는다.	'나 하나쯤이야'라는 생각보다 '나부터'라는 생각을 가지고 물을 아껴 쓴다.
3)		

보기

가 요즘 자원 고갈 문제가 심각하다는 뉴스를 여기저기서 많이 접하면서 제 평소 생활을 많이 돌아다보게 돼요. 제가 운전 면허증을 딴 지 얼마 안 돼서 운전 연습을 한답시고 가까운 거리도 자동차로 이동을 하고 있거든요. 앞으로는 가까운 거리는 걸어 다니거나 자전거를 이용하도록 할 거예요. 멀리 외출할 때는 자동차 대신 대중교통을 이용할 생각이고요.

복습

1 알맞은 단어를 골라서 (　　)에 쓰십시오.

지구 온난화	경각심	내다보다	공존	직면하다	현안	터전

전 세계적으로 환경 문제가 중요한 ❶ (　　　　　　)으로/로 떠오른 가운데 국제환경회의가 열렸다. 회의에 참석한 각국 대표들은 지구의 평균 기온이 상승하는 ❷ (　　　　　　)을/를 인류가 ❸ (　　　　　　)는/은/ㄴ 범국제적인 문제로 인식하고 모두가 ❹ (　　　　　　)할 수 있는 방안을 모색해야 한다고 입을 모았다. 또한 적어도 100년 후를 ❺ (　　　　　　)고 환경 정책을 수립해야 한다고 말했다.

미래 에너지	수력	태양열	고갈	이상 기후	풍력

현재 많은 나라들이 환경 오염의 주범으로 지목되고 있는 화석 연료를 대체할 ❻ (　　　　　　) 개발에 몰두하고 있다. 태양빛을 이용한 ❼ (　　　　　　) 에너지, 바람을 이용한 ❽ (　　　　　　) 에너지 등 ❾ (　　　　　　)되지 않고 계속 사용할 수 있는 에너지를 개발하고 있다. 대체 에너지가 상용화되면 환경 오염으로부터 지구를 지켜 낼 수 있을 것이다.

2 다음 문법을 사용하여 이야기를 완성하십시오.

-었던들	-는답시고

가 정부가 멀쩡한 산을 훼손해서 국민들의 비난이 들끓고 있어요.

나 정부는 생태 공원을 ❶ ________________ (만들다) 산을 밀어 버려서 오히려 생태계 파괴를 가속화시키는 결과를 낳았어요.

가 자연 그대로를 보존하면서 공원을 ❷ ________________ (조성하다) 지금처럼 여론이 나빠지지 않았을 거예요.

18과

한국의 문학과 예술

01 한국 문학의 이해

대화 어휘 갈래, 본질, 심혈, 통시적, 시달리다, 집필하다, 거창하다

확장 어휘 구비 문학, 본격화하다, 저항하다, 전승하다, 창작하다, 풍자하다, 형상화하다, 감각적이다, 해학적이다, 가지 많은 나무에 바람 잘 날 없다, 개천에서 용 났다, 달면 삼키고 쓰면 뱉는다, 송충이는 솔잎을 먹어야 산다, 잘 자랄 나무는 떡잎부터 알아본다, 중이 제 머리 못 깎는다

문법 하게체

02 한국 미술의 이해

대화 어휘 도회적, 섬세하다, 소탈하다, 예리하다, 익살스럽다, 재치 있다

확장 어휘 지평, 남아나다, 밀려나다, 불어나다, 솟아나다, 우러나다, 귀족적이다, 온화하다, 정교하다, 추상적이다, 패기 있다

문법 -는다는 듯이

1. 한국 문학의 이해

MP3 / 35

서시(序詩)

윤동주

죽는 날까지 하늘을 우러러
한 점 부끄럼이 없기를,
잎새에 이는 바람에도
나는 괴로워했다.
별을 노래하는 마음으로
모든 죽어가는 것을 사랑해야지
그리고 나한테 주어진 길을
걸어가야겠다.

오늘 밤에도 별이 바람에 스치운다.

윤동주 시집 '하늘과 바람과 별과 시' 중에서

- 위 시에 대한 감상을 말해 보십시오.
- 여러분이 읽은 한국 문학 작품에 대해서 이야기해 보십시오,

교 수 이번에 자네가 '한국 문학'에 관한 책을 출간할 예정이라고 들었네만 잘 진행되고 있나? 비슷한 내용의 책들이 우리 서가에 워낙 많다 보니 차별화된 책을 만들기가 쉽지는 않았을 텐데 말이야.

제 자 처음에는 '한국 문학의 이해'라는 거창한 제목을 두고 어디서부터 풀어 가야 할지 막막했습니다. 이 책이 특별한 의미를 지녀야 한다는 강박 관념에 시달리기도 했고요.

교 수 그래서 자네는 어떻게 방향을 잡았나?

제 자 '한국 문학'에 관한 책들은 대체로 시대별로 특징을 살펴보는 통시적 관점과 갈래별로 살피는 관점으로 서술되어 있어서 저도 이 두 가지 방법을 함께 고려했습니다. 그러면서 주변적인 내용은 과감히 줄이고 되도록 '한국 문학'의 본질을 정확하게 전달하는 데 초점을 맞추려고 노력했는데 독자들의 반응이 어떨지 모르겠습니다.

김 교수 공든 탑이 무너지겠는가? 자네가 몇 년 동안 심혈을 기울여서 집필했으니 독자들의 반응도 좋을걸세. 너무 염려하지 말게.

거창하다　시달리다　통시적　갈래　본질　심혈　집필하다

어휘 1

구비 문학 기록 문학 고전 문학 현대 문학	→	저항하다 전승하다 창작하다 풍자하다	본격화하다 형상화하다 감각적이다 통시적이다 해학적이다

• 다음은 한국 문학에 대한 설명입니다. (　　)에 알맞은 표현을 쓰십시오.

한국 문학은 한국인의 사상과 정서를 표현한 문학이다. 표현 수단에 따라 사람들의 입에서 입으로 (보기 전승되는)~~는/은/ㄴ~~ 구비 문학과 한자나 한글로 표기한 기록 문학으로 나눌 수 있다. 통시적으로는 ① (　　　　　　)과/와 현대 문학으로 분류한다.

조선 전기에 훈민정음이 창제되면서부터 한글 문학이 ② (　　　　　　)되었고 조선 후기로 가면서 작가층이 평민층으로 확대되면서 문학 작품의 주제도 다양해지고 한글 문학이 ③ (　　　　　　)되기 시작했다. 조선 후기 문학은 사회 현실의 문제를 해학적으로 표현한 판소리와 탈춤을 통해 양반을 신랄하게 ④ (　　　　　　)고 비판했다.

개화기 이후에는 변화를 모색하면서 문명개화, 양성평등, 계몽, 자주독립 등의 주제를 다루었다. 일제에 ⑤ (　　　　　　)는/은/ㄴ 작품 창작이 이어졌고 광복 후에는 혼란한 사회상을 고발하는 작품들이 등장했다.

• 여러분이 읽은 한국 문학 작품에 대해서 보기 와 같이 이야기하십시오.

보기

가 저는 문학 수업 시간에 '흥보가'라는 작품을 읽었는데 몰락한 양반의 실상과 서민들의 어려운 생활상을 **풍자적**이고 비판적으로 보여 주고 있었어요. 등장인물의 외모도 아주 **해학적**으로 묘사했고요.

나 제목이 '흥보가'면 문학 작품이 아니라 노래 아니에요?

가 '흥보가'는 **구전되던** 판소리를 글로 표현한 조선 후기의 판소리 사설이에요. 그래서 '흥보가'는 작자 미상이에요.

어휘2

비 온 뒤에 땅이 굳어진다 개천에서 용 났다 잘 자랄 나무는 떡잎부터 알아본다	송충이는 솔잎을 먹어야 산다 달면 삼키고 쓰면 뱉는다 가지 많은 나무에 바람 잘 날 없다 중이 제 머리 못 깎는다

• 다음은 어느 인생 이야기입니다. (　　)에 알맞은 단어를 쓰십시오.

저는 강원도 시골에서 6남매 중 막내로 태어났습니다. (보기 가지 많은 나무에 바람 잘 날 없다)고 자식이 많다 보니 형들이나 누나들이 돌아가면서 사고를 쳤고 부모님은 그것을 수습하느라고 늘 동분서주하셨습니다. 두 분은 작은 중식당을 운영하셨는데 저는 어려서부터 부모님 식당 일을 돕다 보니 서당 개 삼 년에 풍월을 한다고 간단한 중국 요리는 혼자서도 잘할 수 있었습니다. 그래서 저는 고등학교를 졸업하자마자 서울로 상경해서 식당에 취직을 했고 요리사로 성공하기 위해서 밤낮없이 일했습니다. 그 결과 40대에는 중식당을 3호점까지 열게 되었습니다. 고향 사람들은 강원도 촌놈이 서울에서 부자가 됐다며 ① (　　　　　　　　　　)고 칭찬했습니다. 그런데 돈이 좀 모였을 때 저는 한 지인의 권유로 주식 투자를 하게 됐습니다. 투자금이 2배, 3배로 불어나자 저는 점점 식당 일은 뒤로 하고 주식 투자에 몰두했습니다. 하지만 ② (　　　　　　　　　　)고 주식에 비전문가였던 저는 얼마 후에 투자한 돈을 다 잃고 빈털터리가 되고 말았습니다. 그러자 ③ (　　　　　　　　　　)고 제가 돈이 많을 때는 그렇게 친한 척을 하던 사람들이 아는 척도 하지 않았습니다.

• 여러분이 알고 있는 사람에 대해서 속담을 사용해서 보기와 같이 이야기하십시오.

보기

가 잘 자랄 나무는 떡잎부터 알아본다고 제 친구는 어릴 때부터 각종 노래 대회에 나가서 상을 타더니 지금은 유명한 가수가 됐어요.

나 제 지인 중에 텔레비전에 자주 나오는 유명한 재테크 전문가가 있는데 중이 제 머리를 못 깎는다고 사실 자기 재산은 얼마 되지 않아요.

하게체

'하게체'는 나이가 비슷하거나 아랫사람에게 사용한다. 나이 든 친구 사이에서, 나이 많은 선생이 제자에게, 장인·장모가 사위에게 사용한다.

- 여보게, 그동안 자주 연락을 못해서 미안하네.
- 나는 다음 주에 회의를 했으면 하는데 자네들은 언제 시간이 되나?
- 자네 장모는 이제 건강이 많이 회복됐으니 걱정하지 말게.
- 이 일은 매사에 빈틈이 없고 실수가 적은 김 대리한테 맡기세.

가 오랜만이네. 그동안 어떻게 지냈나? 취직했다는 소식은 들었네만 회사 생활은 힘들지 않나?
나 교수님께서 써 주신 추천서 덕분에 좋은 회사에 입사하게 됐습니다. 정말 감사드립니다.

가 장인어른, 자주 연락드리지 못해서 죄송합니다. 별일 없으시지요?
나 그래, 우리는 다 잘 지내고 있네. 자네 장모가 맛있는 반찬을 많이 만들어 놓는다니까 주말에 시간이 되면 한번 들르게.

- 다음은 발표할 때의 유의점에 대한 교수와 학생의 대화입니다. 보기와 같이 이야기하십시오.

보기 표현력	자연스러운 발음과 억양으로 말하도록 해라. 목소리의 크기나 속도가 적절해야 한다.
1) 내용면	주제를 명확하게 제시해라. 내용 전개도 체계적이어야 한다.
2) 발표지	정확한 어휘와 문법을 사용해서 작성해라. 발표지의 형식이 중요하다.
3) 자료	시각 자료를 신경 써서 준비해라. 자료의 출처를 반드시 밝혀야 한다.
4) 진행면	발표 시간 배분을 잘해라. 예상 질문에 대한 대답도 준비해야 한다.
5) 기타	발표하면서 청중의 반응이 어떤지도 살펴봐라. 발표할 때의 표정과 시선도 적절해야 한다.

보기

가 교수님, 다음 주에 제가 발표를 해야 하는데 유의할 점이 있으면 알려 주십시오. 제가 첫 번째 발표라서 걱정이 많이 됩니다.
나 발표할 때는 표현력이 중요하지. 내용이 잘 전달되도록 최대한 자연스러운 발음과 억양으로 말하도록 **하게**. 그리고 목소리의 크기나 속도도 적절해야 **하네**.
가 내용면에서는 어떤 점이 중요합니까?

연습해 봅시다

• 다음은 한국 문학 작품에 대한 개관입니다. 보기 와 같이 이야기하십시오.

작품	개관
보기 향수	-정지용 -자유시, 서정시 -향토적인 소재와 감각적인 시어로 작가의 정서를 형상화함.
1) 꽃	-이육사 -저항시, 자유시 -의지적이고 확신에 찬 어조로 시인의 저항 정신을 형상화함.
2) 도도한 생활	-김애란 -단편 소설 -2000년대를 살아가는 20대 젊은이의 궁핍한 현실을 감각적이고 구체적으로 형상화함.
3)	

보기

가 어느 작가에 대해서 논문을 쓰려고 **하나?**
나 정지용에 대해서 쓸까 생각 중입니다.
가 훌륭한 작가지. 그럼 정지용의 '향수'를 한번 읽어 **보게**. 향토적인 소재와 시어를 사용해서 작가의 정서를 잘 **형상화했다네**. 읽어 보면 자네가 논문을 쓰는 데 도움이 될 걸세.

2. 한국 미술의 이해

- 한국의 전통 미술 작품을 본 적이 있습니까?
- 여러분 나라의 미술 작품과 어떤 점이 다릅니까?

학예관 왼쪽 그림은 조선 후기 최고의 풍속화가로 꼽히는 단원 김홍도의 '서당'입니다. 여기 한 아이가 훈장님에게 회초리로 종아리를 맞았는지 훌쩍훌쩍 울고 있지요. 그런 친구의 모습이 재미있다는 듯이 입을 가리고 킥킥대며 웃고 있는 아이도 있습니다. 이처럼 김홍도는 서당의 모습을 인물 위주로 익살스럽고 재치 있게 그렸습니다. 그리고 인물들의 감정이 그림에 드러나도록 먹선을 사용해서 다양한 풍속과 표정을 예리하게 묘사했습니다.

오른쪽 그림은 '미인도'라고 하는데 조선 후기 풍속화의 양대 산맥으로 일컬어지는 혜원 신윤복의 작품입니다. 김홍도가 서민의 생활상을 소탈하고 향토적으로 그려냈다면 신윤복은 양반의 풍류 생활과 남녀 간의 연애, 여인의 모습을 세련되고 도회적으로 그려냈습니다. 그의 섬세한 필치와 곱고 화사한 색의 사용, 대담한 화면 구성은 조선 시대 풍속화의 지평을 넓혔다는 평가를 받습니다.

익살스럽다 재치 있다 예리하다 소탈하다 도회적 섬세하다 지평

어휘 1

회화	공예	조각	건축
벽화	금관	불상	사찰
민화	도자기	탑	가옥

온화하다 / 소박하다 / 정교하다 / 웅장하다 / 섬세하다 / 패기 있다 / 귀족적이다 / 추상적이다 / 어우러지다

• 고대 한국 미술의 시대별 특징입니다. (　　)에 알맞은 표현을 쓰십시오.

삼국 시대 미술

무용총 수렵도

서산 마애 삼존 불상

첨성대

삼국 시대의 (보기 회화는)~~은/는~~ 무덤의 내부 장식을 위한 고분 벽화나 사찰의 장식 등 실용적인 목적을 가진 그림이 대부분이었다. 고구려의 미술은 무용총 수렵도에서 느낄 수 있듯이 ❶ (　　　　　　)고 힘과 정열이 넘친다. 백제 미술은 서산 마애 삼존 불상에서 볼 수 있는 부처님의 미소처럼 ❷ (　　　　　　)고 부드럽다.

통일신라 시대 미술

석굴암

불국사

금관

통일신라는 석굴암, 불국사와 같은 사찰과 석탑, 불상과 같은 ❸ (　　　　　　) 등을 만들면서 불교 미술의 황금기를 이루어 냈다. 통일신라의 미술은 삼국 시대보다 세련되었으며 금관이나 장신구 같은 화려하고 ❹ (　　　　　　)은/ㄴ 금속 공예가 매우 발달했다.

고려 시대 미술

상감 청자

경천사 십층 석탑

나전 칠기

고려의 중심 세력은 귀족들이었다. 따라서 그들의 문화적 취향을 만족시킬 수 있는 우아하고 ❺ (　　　　　　)인 나전 칠기, 금속 공예, 청자 공예가 발달했다. 고려 특유의 비색과 우아한 곡선미를 자랑하는 상감 청자가 만들어짐으로써 우리나라 도자 공예의 전성기를 이루었다.

• 여러분이 본 한국의 전통 미술 작품에 대해서 보기 와 같이 이야기하십시오.

보기

가 나는 국립 중앙 박물관에서 본 경천사 십층 석탑이 아주 인상적이었어. 박물관 안으로 들어서자마자 정면으로 보이는 **웅장한** 규모의 석탑에 입이 딱 벌어지더라. 그 앞에서 사진을 몇 장이나 찍었는지 몰라.

나 나도 문화 체험을 갔을 때 본 기억이 나. 석탑 전체에 **섬세하게** 조각해 놓은 **불상**들과 층마다 **정교하게** 표현된 기와를 보니까 고려 미술의 수준이 얼마나 높았는지 알 수 있었어.

어휘2

드러나다	밀려나다	솟아나다
우러나다	불어나다	남아나다

• 다음은 기행문의 일부입니다. ( )에 알맞은 단어를 쓰십시오.

배에서 내리자 제일 먼저 눈에 들어온 것은 저 멀리 뾰족뾰족하게 (보기 솟아나) ~~어/아/여~~ 있는 산봉우리들이었다. 용암의 분출로 이 산들이 생겨났다고 했다. 섬 관광 지도를 받으러 안내소에 들렀더니 직원이 장마철 등반은 갑작스레 ❶ ( )는/은/ㄴ 물로 안전사고가 우려된다며 주의를 줘서 등산은 하지 않기로 했다.

근처 식당에서 식사를 하고 나오는데 한 할머니가 멸치를 팔고 계셨다. 멸치는 황금빛이 밝게 나는 것을 선택해야 국물을 낼 때 담백한 맛이 잘 ❷ ( )는다며/ㄴ다며/다며 멸치 한 봉지를 담아 주셨다. 거절할 틈도 없이 강매를 당한 후 바닷가로 나오니까 벌써 썰물 때가 되었다. 바닷물이 저만치 ❸ ( )자 사람들은 갯벌로 향하기 시작했다. 몇몇 사람들은 썰물로 ❹ ( )는/은/ㄴ 갯벌 사이의 길을 따라 맞은편 섬까지 걸어가고 있었다.

• 여러분이 여행한 곳 중에서 가장 기억에 남는 곳은 어디입니까? 보기 와 같이 이야기하십시오.

보기

가 내가 여행한 곳 중에서 가장 기억나는 곳은 제주도에 있는 한라산이야. 한라산은 남한에서 가장 높은 산이고 다섯 차례에 걸친 거대한 용암의 분출로 **솟아났대**. 한라산 정상에는 백록담이 있는데 그곳의 경관이 정말 수려했어.

나 나는 제주도에 갔을 때 돌하르방이 제일 인상적이었어. 돌하르방의 코를 만지면 아들을 낳을 수 있다는 속설 때문에 사람들이 하도 코를 만져서 코가 **남아나지** 않을 것 같았어.

-는다는/ㄴ다는/다는 듯이

동사나 형용사에 붙어서 명시적으로 말하지 않지만 선행절의 내용처럼 행동함을 나타낸다. 따라서 후행절은 앞 문장의 내용을 짐작할 수 있을 만한 행동이어야 한다.

- 열 번도 넘게 읽어 준 동화책을 아이들은 처음 듣는다는 듯이 눈을 반짝거리며 듣고 있다.
- 강아지가 나를 보고는 반갑다는 듯이 꼬리를 흔들었다.
- 요즘 우리 아들이 내가 무슨 말을 해도 관심이 없다는 듯이 휴대 전화만 보고 있어서 화가 나요.
- 부장은 자기 일이 아니라는 듯이 서류를 거들떠보지도 않았다.

가 급히 처리해야 할 서류가 있는데 이 대리 어디 갔어요?
나 글쎄요. 아까 거래처에 전화한 후에 짜증난다는 듯이 문을 쾅 닫고는 밖으로 나갔어요.

가 학생들이 중간시험을 왜 이렇게 못 봤지요?
나 그러게 말이에요. 수업 시간에는 분명히 다 이해했다는 듯이 고개를 끄덕였는데 왜 시험은 못 봤을까요?

- 다음은 회사원들의 대화입니다. 보기 와 같이 이야기하십시오.

박 과장			이 과장		
보기 고객 민원을 처리하느라 힘들었다.	아무 일도 없다	내색하지 않는다	1) 똑같은 질문을 몇 번이나 했다.	처음 듣는다	자세히 설명해 준다
2) 부하 직원이 실수를 했다.	그건 별일 아니다	웃으면서 넘긴다	3) 상사가 농담을 한다.	재미있다	항상 큰 소리로 웃어준다
4) 직원 집들이에 가서 음식을 먹는다.	맛있다	많이 먹는다	5) 동료가 고민을 이야기한다.	공감한다	맞장구를 잘 쳐 준다

보기

가 이번에 승진한 영업부 박 과장님에 대한 평판이 아주 좋더라고요. 쉴 틈 없이 고객들의 민원을 처리하느라고 많이 힘들었는데도 아무 일도 **없다는 듯이** 전혀 내색하지 않았대요.
나 총무부 이 과장님은 어떻고요. 제가 일이 서툴러서 똑같은 질문을 몇 번이나 했는데도…

연습해 봅시다

• 다음은 조선 시대의 미술 작품입니다. 보기와 같이 이야기하십시오.

미술 작품		해설
보기 초충도		신사임당의 초충도 8작품 중 한 점이다. 잘 익은 수박 한 덩이를 쥐가 맛있게 파먹고 있다. 그 위에서 나비 두 마리가 그 모습을 지켜보고 있다. 섬세한 필선, 선명한 채색, 안정된 구도가 잘 어우러진 작품이다.
1) 백자 청화매 조죽문 항아리		조선 시대 백자는 화려하지 않지만 소박하고 친근감이 있으며 여백의 미를 느낄 수 있다. 이 항아리는 청화 백자인데 날아가는 새를 향해 울고 있는 새와 그 새를 안타깝게 바라보고 있는 새 등 다양한 동작의 새를 생동감 있게 표현했다.
2) 까치 호랑이		호랑이가 눈에 노란 불을 켜고 붉은 입을 벌리며 까치를 위협하고 있다. 하지만 까치도 부리를 한껏 벌리고 꼬리를 높이 세우고 호랑이와 당당히 맞서고 있다. 민화는 해학적이고 풍자적인 작품에서부터 종교적인 작품까지 다양하다.
3)		

보기

가 이 그림은 신사임당의 초충도예요. 섬세한 필선과 선명한 채색, 안정된 구도가 잘 **어우러진** 작품이지요.

나 이 그림을 보면 땅 위에 잘 익은 수박 두 덩이가 자라고 있는데 그 가운데 한 덩이를 쥐가 **맛있다는 듯이** 열심히 파먹고 있네요.

가 네, 그 위에 있는 나비 두 마리는 **재미있다는 듯이** 그 모습을 지켜보고 있고요.

복습

1 알맞은 단어를 골라서 (　　)에 쓰십시오.

지평　구비 문학　전승하다　창작하다　예리하다　형상화하다　해학적이다

작가는 상상의 세계를 언어로써 ❶ (　　　　　)는다/ㄴ다/다. 작가가 사용한 언어가 글이면 기록 문학이고 말이면 ❷ (　　　　　)이다. 구비 문학은 글로 기록되어 있지 않고 입을 통해 말로 ❸ (　　　　　)기 때문에 구전 문학이라고도 한다. 한 개인이 아니라 공동으로 ❹ (　　　　　)는/은/ㄴ 작품으로 민중의 역사와 민족의 보편적 정서를 담고 있다. 구비 문학 중 판소리는 매우 ❺ (　　　　　)는/은/ㄴ 표현과 재담으로 청중을 웃기면서 양반들의 위선을 풍자하기도 했다.

거창하다　시달리다　저항하다　예리하다　온화하다　우러나다　밀려나다

시대의 모순에 정면으로 저항한 그에게 세상은 혁명가라는 ❻ (　　　　　)는/은/ㄴ 이름을 붙여 주었지만 이름과는 어울리지 않게 그는 ❼ (　　　　　)는/은/ㄴ 미소를 지닌 사람이었다. 시대에 ❽ (　　　　　)어/아/여 싸운 사람들이 역사의 조연으로 ❾ (　　　　　)고 심지어는 이름도 없는 존재로 지워지기도 한다. 하지만 어떤 상황에서도 아랑곳하지 않고 묵묵히 자신의 길을 가고 있는 그에게 나는 마음으로부터 ❿ (　　　　　)는/은/ㄴ 찬사를 보낸다.

2 다음 문법을 사용하여 이야기를 완성하십시오.

하게체　-는다는 듯이

가 이 그림은 한국 근대 서양화의 거목으로 불리는 이중섭의 '소'라네. 소가 가진 강인함과 심리적 상태까지도 잘 드러낸 작품으로 ❶ ____________ (평가받고 있다)

나 머리에서 피가 흐르는데도 아직 싸움이 ❷ ____________ (끝나지 않았다) 다시 상대를 향해 뿔을 세우고 나아가는 소의 모습을 생동감 있게 잘 표현한 것 같아요.

19과

세계와 경제

01 세계 속의 기업

대화 어휘 다국적 기업, 자국민, 절세, 구태의연하다, 유치하다, 그나저나

확장 어휘 국내 총생산, 유입, 철수, 가물가물하다, 기웃기웃하다, 시시콜콜하다, 울렁울렁하다, 바글바글하다

문법 -는 듯싶다

02 무역 협정과 세계

대화 어휘 규약, 부과, 분쟁, 상호, 세계 무역 기구, 양면성, 장치, 추후

확장 어휘 관세, 무역 수지, 배후, 선후, 세후, 조정, 최후, 흑자

문법 -은 이래

1. 세계 속의 기업

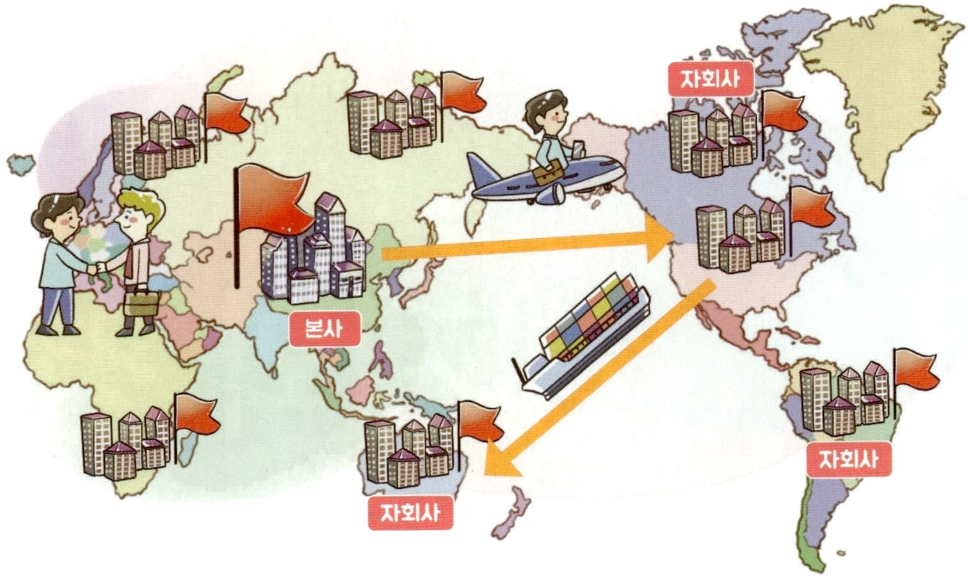

- 여러분이 가지고 있는 물건들은 어느 나라에서 제조되었습니까?
- 세계 시장에서 활동하고 있는 국제적인 기업은 어디입니까?

윤아 세계 각국의 기업들이 한국에 들어와 있고 한국 기업도 세계적으로 활동하는 걸 보면 이제 우리나라 기업이니 국산품 애용이니 하는 말은 구태의연한 것 같아요.

우진 최근 세계적인 규모로 생산과 판매를 하는 기업들이 급속도로 늘어나서인지 의식주와 관련된 산업에서 첨단 기술 분야까지 다국적 기업이 들어와 있지 않은 곳이 없어요.

윤아 그런 다국적 기업을 유치해서 자국민의 고용을 촉진하려고 절세 등의 특별한 혜택을 주는 국가들이 많아요.

우진 그나저나 이런 다국적 기업들이 어마어마한 규모로 생산하고 싼 값으로 판매하는데 국내 중소기업들은 어떻게 살아남지요?

윤아 그게 중소기업들이 치열하게 고민해야 할 부분이라고 생각해요. 이제 소비자들의 요구가 다양해지고 있기 때문에 독창적인 아이디어로 승부를 내지 않으면 안 될 듯싶어요.

구태의연하다　다국적 기업　유치하다　자국민　절세　그나저나

어휘 1

다국적 기업	
고용 창출 해외 자본 유입 해외 기술 이전 국내 기업의 경쟁력 강화 국내 제품의 품질 향상 국내 총생산(GDP) 증가	환경 오염 발생 이윤의 해외 유출 국내 중소기업의 경쟁력 약화 시장 철수 후 지역 경제의 침체

• 다음은 경제 신문의 기사들입니다. (　　)에 알맞은 표현을 쓰십시오.

(보기 다국적 기업)인 한 가구 회사가 한국 진출을 공식적으로 선언했다. 스웨덴에 본사를 두고 있는 이 회사는 한국 시장에서 성공한다면 향후 세계 시장에서도 성공할 가능성이 높을 것으로 판단했다고 진출 이유를 밝혔다.

정부 관계자의 발표에 따르면 올해 한국의 개인과 기업, 정부 등의 모든 경제 주체가 생산한 것들의 총량인 ① (　　　　　)이/가 총 1900조 원으로 작년 대비 3% 증가한 것으로 집계되었다고 한다.

대기업의 무분별한 경영 확장이 중소기업에게 큰 타격을 주고 있다. 중소기업의 운영자들은 대기업의 이기적인 경영 활동이 결국 중소기업의 경쟁력 ② (　　　　　)으로/로 이어질 것이라고 비난했다.

국내에 진출해 10년 동안 지역 경제 발전과 지역 인재의 고용 ③ (　　　　　)에 이바지했던 독일의 자동차 기업이 돌연 한국 시장에서 철수할 계획을 발표하자 지역 경제의 ④ (　　　　　)을/를 우려하는 목소리가 커지고 있다.

서울 시장은 관광 단지 조성 사업이 성공한 이유는 국내뿐 아니라 해외 자본이 ⑤ (　　　　　)되었기 때문임을 밝히고 앞으로도 해외 자본 유치에 힘쓰겠다고 공언했다.

• 다국적 기업이 미치는 영향에 대해서 보기 와 같이 이야기하십시오.

보기

가 다국적 기업이 국내로 진출하면 소비자 차원에서는 외국의 질 좋은 물건을 손쉽게 구입할 수 있고 구입 후에도 국내 제품과 마찬가지로 수리 서비스도 받을 수 있어서 여러모로 장점이 많아요.

나 기업 차원에서는 다국적 기업이 국내에 들어오면서 경쟁력이 강화되고 한국 기업들이 만드는 제품의 질도 전반적으로 좋아지게 되죠.

어휘2

어마어마하다	시시콜콜하다
가물가물하다	울렁울렁하다
기웃기웃하다	바글바글하다

- 다음은 부산에 다녀와서 쓴 글입니다. ( )에 알맞은 표현을 쓰십시오.

지난 토요일에 고등학교 동창의 결혼식이 있어서 부산에 다녀왔다. 결혼식장에서 오랜만에 만난 친구들과 이제는 기억도 (보기 가물가물한) ~~은/ㄴ~~ 고등학교 때 이야기부터 지금 사는 이야기까지 ① ( )게 많은 이야기를 했다. 결혼식이 끝나고 해운대로 발걸음을 옮겼다. 여름의 해운대는 늘 그렇듯이 사람들이 ② ( )었다/았다/였다. 바닷가에서 보트를 탔더니 파도가 약간 높아서 속이 ③ ( )었다/았다/였다. 그 뒤에 간 자갈치 시장에서는 다양한 생선들과 먹거리들을 팔고 있어서 우리들은 이곳저곳을 ④ ( )으며/며 구경을 했다. 부산은 언제 와도 추억을 쌓을 수 있는 즐거운 곳이다.

- 유학 생활 중 기억에 남는 일에 대해서 보기 와 같이 이야기하십시오.

보기

가 저는 한국에 처음 왔을 때 짐이 **어마어마하게** 많아서 처음 보는 한국 사람들에게 짐 옮기는 걸 도와 달라고 했던 게 기억에 남아요. 한국말을 조금밖에 할 줄 몰라서 서툰 한국어로 말을 걸었었거든요.

나 저는 처음 한국에 도착했을 때의 기억은 **가물가물하지만** 수업 시간에 있었던 일들은 다 생생하게 기억이 나요. 지금은 익숙해졌지만 처음에 한국어로 여러 사람 앞에서 발표를 할 때에는 머릿속이 하얘지고 속이 **울렁울렁해서** 발표를 망쳤던 기억이 나네요.

-는/은/ㄴ 듯싶다

동사나 형용사에 붙어서 사건이나 상태에 대한 화자의 주관적인 판단이 개입된 짐작이나 추측을 나타낸다.

- 두 사람이 결혼해서 잘 사는 걸 보니까 괜한 걱정을 한 듯싶어요.
- 인류의 평균 수명이 늘어난 것이 마냥 좋아할 일은 아닌 듯싶다.
- 체류 비자가 연장되지 않는 상황에서는 귀국할 수 밖에 없을 듯싶습니다.
- 박 선수가 유럽 무대에 진출하자마자 좋은 성적을 내는 걸 보면 현지 분위기에 빨리 적응한 듯싶어요.

가 에베레스트 등반에 도전하게 된 계기가 있으실 듯싶은데요.
나 네, 고난을 딛고 정상에 오르는 기쁨을 얻고 싶었습니다.

가 어떻게 하다가 문제가 이렇게까지 커진 거예요?
나 첫 단추부터 잘못 끼운 것이지요. 이제 와서 수습하기에는 늦은 듯싶어요.

- 미래에는 어떤 산업이 유망할까요? 보기 와 같이 이야기하십시오.

산업	짐작하는 내용
보기 세계화 관련 산업	세계화가 진전되면서 나라 간 교류가 늘어나고 갈등도 끊임없이 발생하여 국가 간 무역 문제나 외교 문제와 관련된 직업들이 늘어날 것이다.
1) 노인 관련 산업	고령 인구가 증가 추세여서 앞으로 관련 의료 산업이 발달할 것이다.
2) 인공 지능 관련 산업	인류는 계속 편리하고 안전한 삶을 꿈꾸기 때문에 이를 실현시켜 줄 수 있는 산업이 발전할 것이다.
3) 건강 관련 산업	삶의 질과 건강에 대한 관심이 높아져 관련 산업이 지속적으로 성장할 것이다.
4) 1인 콘텐츠 관련 산업	개인이 콘텐츠를 제작하고 방송하면서 1인 콘텐츠의 영향력이 커지고 있어서 관련 산업은 앞으로 더 번성할 것이다.
5) 우주 관련 산업	우주의 신비가 하나 둘씩 밝혀지고 있고 우주 자원에 관심이 있는 국가들이 많아서 관련 산업이 중요해질 것이다.

보기

가 미래에는 어떤 산업이 유망할까요?
나 세계화가 계속 진전되면서 나라 간 교류도 늘어나고 갈등도 끊임없이 발생하고 있으니까 앞으로 국가 간 무역 문제나 외교 문제와 관련된 직업이 늘어날 듯싶어요.

연습해 봅시다

• 다국적 기업이 성공한 이유에 대해서 보기 와 같이 이야기하십시오.

회사 이름	성공 이유	개인적인 경험
보기 커피 전문점	- 보장된 맛과 철저한 직원 서비스 교육 - 앱을 통한 편리한 주문	집중이 잘되어서 일이나 공부를 하기가 좋음.
1) 휴대 전화기 생산 기업	- 세련된 디자인과 감성이 넘치면서 소비를 자극하는 광고 - 사용하기 편리하고 다양한 기능	휴대 전화를 구입할 때 직원들이 박수를 쳐 주는 등 즐겁고 색다른 경험을 하게 해 줌.
2) 동영상 공유 서비스 운영 업체	- 개인이 제작한 영상을 공유하여 수익 창출 가능 - 다양한 콘텐츠를 통해 원하는 정보를 쉽게 취득	동영상 제작자와 서로 소통하게 되면서 나중에는 제작자의 영상에 출연도 하게 됨.
3)		

보기

가 이 커피 전문점은 한국에서 매우 성공한 **다국적 기업**이에요.
나 맞아요. 커피를 좋아하지 않는 사람이어도 이 집은 다 알아요.
가 어느 지점에서 마셔도 고품질의 맛이 보장되고 직원 서비스 교육도 철저하게 시킨 것이 성공의 **비결인 듯싶어요.** 앱을 통해서 주문도 편리하게 할 수 있고요.
나 저는 매주 주말마다 커피를 마시러 가는데 이 집만큼 집중이 잘되어서 일이나 공부하기가 좋은 곳이 없더라고요. 이제 커피는 단순한 음료가 아니라 하나의 문화가 된 것 같아요.

MP3 / 38

2. 무역 협정과 세계

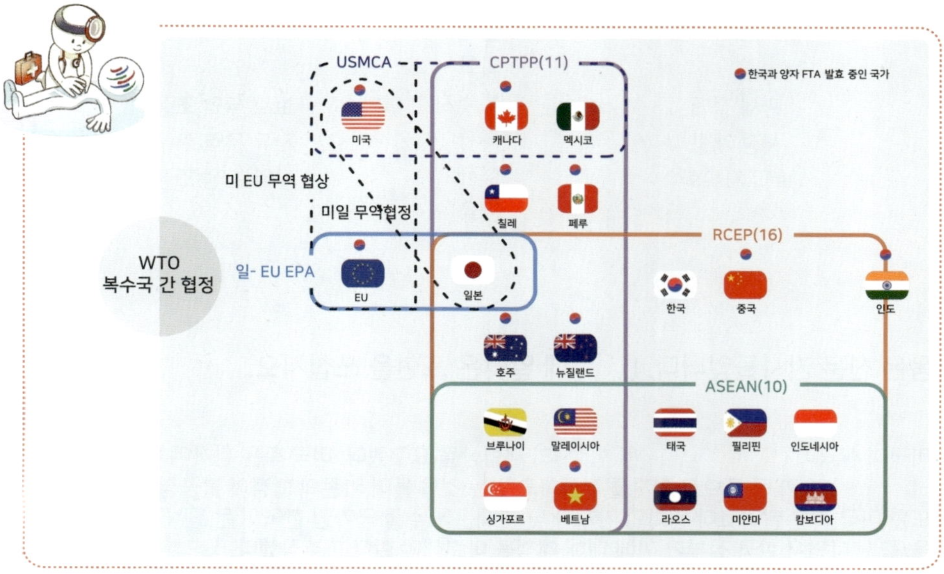

- 시중에서 판매되는 물건의 가격은 어떻게 정해집니까?
- 여러분 나라의 주요 무역 상대국은 어느 나라입니까?

교수 국가 간 무역을 할 때 수입품에 세금을 부과하지 않는 나라는 없습니다. 특히 자국의 보호 산업과 관련된 수입품에는 세금, 즉 관세를 높게 책정합니다. 이른바 보호 장치를 마련하는 것이지요.

그런데 어떤 나라들은 상호 관세를 없애고 물건이나 서비스의 이동을 자유롭게 하는 협정을 체결합니다. 이것이 바로 자유 무역 협정(FTA)입니다.

자유 무역 협정은 양면성이 있습니다. 한국 기업은 세계 시장에 진출해 생산성과 경쟁력이 높아져서 좋고 소비자는 외국의 품질 좋은 물건을 싸게 사서 좋습니다. 그러나 농업과 같이 취약한 국내 산업들은 가격 경쟁에서 밀릴 위험도 있습니다.

한국은 여러 나라와 자유 무역 협정을 맺은 이래 국내 취약 산업의 저항에 부딪히고 있습니다. 따라서 자유 무역 협정을 맺는 것은 국가 산업의 여러 측면을 고려하여 신중히 접근해야 하며 추후 발생될 수 있는 무역 분쟁은 세계 무역 기구(WTO)의 규약에 근거해서 해결해야 합니다.

부과하다 장치 상호 양면성 추후 분쟁 세계 무역 기구 규약

어휘1

자유 무역 협정(FTA)	관세 외화 무역 수지 흑자 적자 환율	세계 무역 기구(WTO)
관세 철폐 시장 개방 수입 자유화		보호 무역 조절 자유 무역 추구 무역 분쟁 조정

- 다음은 신문 기사들입니다. (   )에 알맞은 표현을 쓰십시오.

미국이 한국에 (보기 자유 무역 협정)의 재협상을 요구했다. 미국 측은 한국에 대한 ① (   )이/가 큰 폭으로 적자를 기록하고 있는 것을 들어 기존의 협정이 불공정하다고 밝혔다. 또한 미국 측은 달러보다 원화의 가치가 낮기 때문에 수출 국가인 한국이 큰 ② (   ) 을/를 낸다면서 한국 정부가 이에 대해 대책을 마련해야 한다고 주장했다.

미국이 한국의 전자 제품 일부에 대해서 최대 50%까지 ③ (   )을/를 부과하기로 함으로써 한국 정부에 비상이 걸렸다. 한국 정부는 이에 상응하는 조치로 즉각 ④ (   ) 에 제소할 것임을 밝혔다.

세계 무역 기구는 무역 자유화를 통해 전 세계의 경제를 발전시키기 위해서 만들어졌으며 국가 간에 발생하는 무역 ⑤ (   )을/를 조정하는 역할을 하고 있다.

- 보호 무역과 자유 무역에 대해서 보기 와 같이 이야기하십시오.

보기

가 점차 세계가 하나의 시장이 되어 가고 있기 때문에 국내 기업의 경쟁력을 키우고 소비자에게 넓은 선택권을 주는 자유 무역이 시대에 적합한 것 같아요.

나 그런데 자유 무역을 하면 가격 경쟁력이 없는 국내 산업은 사라질 수도 있는 데다가 개발도상국의 경우 선진국과 경쟁하기 힘든 산업 분야가 많으니까 보호 무역이 꼭 나쁘다고 할 수만은 없어요.

어휘2

추후	선후
최후	노후
배후	세후

• 다음은 어느 직장인이 쓴 글입니다. (　　)에 알맞은 표현을 쓰십시오.

직장인이 되면서 나는 은퇴 후에 어떻게 살 것인지에 대한 (보기 노후) 계획을 세우기 시작했다. 먼저 세금을 뗀 나머지 월급인 ① (　　　　) 급여를 계산한 후에 보험 가입과 연금 저축, 주식 투자 중에서 어떤 것을 먼저 시작해야 하는지 자금 운용의 ② (　　　　)을/를 따져 보았다. 하지만 나 혼자서는 결정하기가 어려워서 여러 사람들에게 자문과 상담을 받았다. 자산 관리 전문가는 나에게 빚이 있으면 먼저 빚부터 갚고 연금 저축은 ③ (　　　　)에 생각하라고 했다. 또 직장 선배는 주식 투자를 하지 말라면서 주식 투자를 해서 큰돈을 버는 사람들은 ④ (　　　　)에 다른 세력이 있기 마련이라고 조언했다. 나는 이런 조언들을 바탕으로 미리미리 계획을 잘 세워 보려고 한다.

• 계획을 잘 실천하는 방법에 대해서 보기 와 같이 이야기하십시오.

보기

가 저는 계획을 세워도 계획대로 하지 못하고 할 일도 계속 미뤄요. 어떻게 하면 계획을 미루지 않고 잘 실천할 수 있을까요?

나 할 일들의 **선후**를 결정하세요. 그다음 먼저 해야 하는 일 중에서 가장 하기 싫은 일부터 시작하세요. 하기 싫은 일을 **최후**까지 미뤘을 때에 얼마나 기분이 좋지 않을지 생각하면 미루지 않게 될 거예요.

-은/ㄴ 이래

동사에 붙어서 과거에 어떠한 행동이 있었던 때부터 지금까지를 나타낸다.

- 오늘 낮 최고 기온은 기상청 관측이 시작된 이래 가장 높았다고 한다.
- 2년 전 사장으로 취임한 이래 사장은 회사를 세계 선도 기업으로 키우기 위해 혼신의 힘을 다하고 있다.
- 데이비드 씨는 5년 전에 처음 한국을 방문한 이래 지속적으로 한국을 찾고 있어요.
- 올해의 신생아 수는 통계 작성을 실시한 이래 가장 낮은 수치를 기록했다.

가 양국을 둘러싼 현재 상황에 대해서 어떻게 보십니까?
나 두 나라가 수교를 맺은 이래 가장 큰 갈등을 겪고 있습니다만 차분히 대화로 풀어 나가면 해결될 것으로 보입니다.

가 이 약은 출시된 이래 지금까지 두통약 분야에서 판매 1위를 기록하고 있대요.
나 그만큼 효과가 뛰어나고 안전성이 입증된 약이라는 뜻이겠네요.

- 다음은 각 분야에서 유명한 사람들에 대한 이야기입니다. 보기와 같이 이야기하십시오.

	과거	현재
보기 축구 선수	3년 전 해외 구단으로 이적했다.	소속 팀의 우승을 이끌고 국가 대표로도 큰 활약을 보였다.
1) 피아니스트	세계적인 피아노 경연 대회에서 우승했다.	큰 인기와 명성을 얻고 전 세계를 순회하면서 연주회를 하고 있다.
2) 가수	전통과 현대를 접목한 새로운 형식의 음악을 발표했다.	뮤직비디오 동영상 조회 수가 20억 회를 넘었고 여러 방송에서 이 음악을 소개하고 있다.
3) 정치인	26세의 젊은 나이에 국회의원이 되었다.	정치계에 신선한 바람을 일으키며 주로 청년들을 위한 법을 만들고 있다.
4) 영화감독	국제 영화제에서 큰 상을 받았다.	여러 매체에서 인터뷰 요청이 쇄도하고 있으며 감독의 모든 작품이 전 세계에서 개봉되고 있다.
5) 기업 최고 경영자	외환 위기 속에서 사장으로 취임했다.	경영 위기였던 기업을 회생시켜 다시 업계 1위 기업으로 돌려놓았다.

보기

가 우리나라 축구 선수가 3년 전 해외 구단으로 **이적한 이래** 소속 팀의 우승을 이끌고 국가 대표로도 큰 활약을 보이고 있어요.
나 저도 뉴스를 통해서 계속 소식을 듣고 있는데 여러모로 대단하더라고요.

연습해 봅시다

• 한국과 자유 무역 협정을 맺고 있는 국가들입니다. 보기 와 같이 이야기하십시오.

나라 이름	주요 수입품	자유 무역 협정의 효과
보기 칠레	포도주와 돼지고기 등의 식품	- 소비자의 선택권 증가 - 관세 철폐로 인한 소비자 가격 인하
1) 베트남	휴대 전화와 옷 등의 공산품	
2) 미국	쌀과 밀가루 등의 농산물	
3)		

보기

가 한국과 칠레가 **자유 무역 협정**을 **맺은 이래** 일상생활에서 포도주와 돼지고기 같은 칠레산 식품을 흔히 볼 수 있게 됐어요.

나 맞아요. 확실히 소비자 입장에서는 선택할 수 있는 물건이 늘어났고 관세가 없어지면서 물건 가격도 인하되어서 좋은 점이 많아요.

복습

1 알맞은 단어를 골라서 (   )에 쓰십시오.

유치 철수 촉진 부과 상호 분쟁

외국인 관광객 ① (   )을/를 위한 대규모 할인 행사가 다음 달 20일부터 열린다. 이 행사에는 외국인 관광객들의 한국 방문 ② (   )와/과 관광 수입 증대를 위해서 항공, 숙박, 쇼핑 등과 관련된 분야의 기업들이 대거 참여한다. 정부는 행사에 참여한 외국인 관광객에게 소비세를 ③ (   )하지 않겠다고 했다. 또한 이번 행사를 계기로 정부와 기업이 ④ (   ) 협력하여 한국을 적극적으로 알림으로써 외국인 관광객 2000만 명 시대를 열어 나가겠다고 강조했다.

추후 장치 유입 조정 관세 무역 수지

정부가 외국산 유제품에 대한 수입 ⑤ (   )을/를 낮은 수준으로 ⑥ (   )하겠다고 발표하면서 유제품 수입량이 상당 폭 증가할 것으로 전망된다. 국내 유제품 생산 업계에서는 정부의 이번 결정에 크게 반발하면서 국내 업계는 이미 국내로 대거 ⑦ (   )된 외국산 유제품과의 경쟁도 힘겹다고 밝히고 정부가 국내 업계를 보호하기 위한 ⑧ (   )을/를 마련하지 않으면 파업을 하겠다고 예고했다. 이에 정부는 ⑨ (   ) 국내 축산 업계를 보호하는 대책을 마련하겠다고 약속했다.

2 다음 문법을 사용하여 이야기를 완성하십시오.

-는 듯싶다 -은 이래

가 전문 경영인 체제로 ① ____________ (바뀌다) 회사 분위기가 많이 달라졌어요.

나 네, 초과 근무나 회식도 꼭 필요할 때만 하게 되어서 업무 능률도 많이 올랐고요.

가 이런 분위기에서인지 사원들의 만족도가 높아져 퇴사율도 많이 ② ____________ (낮아지다).

20과

과학과 미래

01 첨단 과학과 생활

대화 어휘 기지, 발상, 탐사, 행성, 도래하다, 기발하다, 열을 올리다

확장 어휘 나노, 인공 지능, 획, 누그러들다, 모여들다, 밀려들다, 스며들다, 움츠러들다, 이바지하다

문법 -는다고 치다

02 융합의 시대

대화 어휘 독자적, 비약적, 시행착오, 융합, 실용화하다

확장 어휘 공학, 구현, 사회 과학, 설계, 예술학, 외관, 인문학, 자연 과학, 거추장스럽다, 곤혹스럽다, 먹음직스럽다, 번잡스럽다

문법 -을 법하다

MP3 / 39

1. 첨단 과학과 생활

- 첨단 과학 기술에는 어떤 것들이 있습니까?
- 첨단 과학으로 인해서 우리의 삶은 어떻게 달라질까요?

기자 1969년 7월 20일 최초로 달 표면에 착륙한 이후로 인류는 반세기 만에 다시 달 탐사를 추진 중입니다. 강대국들은 앞다투어 달에 탐사 기지를 건설하는 데 열을 올리고 있습니다. 이제는 달에 깃발을 남기려고 가는 것이 아니라 머물기 위해서 가는 것입니다. 그야말로 우주 산업 시대가 도래한 것입니다. 이제 인류가 우주의 다른 행성으로 이주한다는 영화 속 발상은 더 이상 기발하지 않습니다. 달에 기지가 건설된다면 달은 화성 등의 다른 행성 탐사를 위한 중간 기지 역할뿐만 아니라 새로운 자원을 개발하고 연구해서 지구로 가져오는 자원 보급소 역할도 하게 될 것입니다. 하지만 이러한 계획이 말처럼 쉽지가 않습니다. 달에서 상주하는 데 필요한 물자는 달에 있는 자원을 이용한다고쳐도 기지 건설과 유지에 상당한 비용이 듭니다. 전문가들은 우주 개발 산업에 민간 기업들이 뛰어들면서 이러한 크고 작은 문제들이 해결될 것으로 내다보고 있습니다. 인류가 지구 궤도 위에 우주 도시를 건설할 날을 기대해 봅니다.

탐사　기지　열을 올리다　도래하다　행성　발상　기발하다

어휘 1

첨단 과학 기술 정보 통신 기술 나노 기술 생명 공학 기술 우주 기술 인공 지능 기술	윤택하다 기발하다 도래하다 기여하다 이바지하다 한 획을 긋다	악용되다 침해하다 유출되다

• '첨단 과학과 기술'에 관한 강의입니다. (　　)에 알맞은 표현을 쓰십시오.

교수 지금부터 몇 가지 첨단 과학 기술에 대해서 간단히 설명하겠습니다. 생물체의 유용한 특성을 이용하기 위해서 인위적으로 유전자를 조작하는 기술을 (보기 생명 공학 기술이라고)~~이라고/라고~~ 합니다. 인간의 질병을 치료하고 식량 공급도 가능하게 만드는 기술이죠. 다음으로 ① (　　　　　　)은/는 인간의 학습 능력과 추론 능력, 지각 능력, 자연 언어의 이해 능력 등을 컴퓨터 프로그램으로 실현한 기술입니다. 로봇이 인간의 일을 대신해서 더 빠르고 정확하게 처리할 수 있는 반면 대량의 실업자가 발생할 수 있습니다. 인간의 삶을 더 편하고 ② (　　　　　　)게 만들어 주는 동시에 사회에 악영향을 미칠 수도 있습니다. 세 번째로 ③ (　　　　　　)은/는 원자 3~4개 크기인 10억분의 1미터 크기의 물질들을 기초로 하여서 우리 생활에 유용한 것들을 만드는 기술을 말합니다. 마지막으로 ④ (　　　　　　)은/는 정보를 주고받는 것은 물론 정보의 개발, 저장, 처리, 관리에 필요한 모든 기술을 말합니다. 이 기술로 개발된 인터넷과 휴대 전화 등은 현대인의 삶을 크게 바꿔 놓았습니다. 하지만 나날이 기술이 발전하는 반면 개인 정보가 ⑤ (　　　　　　)는/은/ㄴ 등의 문제점도 대두되고 있습니다.

• 첨단 과학 기술의 장점과 단점에 대해서 보기 와 같이 이야기하십시오.

보기

가 정보 통신 기술은 일을 빠르고 간단하게 처리할 수 있게 해 줘요. 그래서 인류의 삶에 기여하고 있다고 볼 수 있죠.

나 그렇기는 하지만 개인 정보가 쉽게 유출될 수 있고 유출된 개인 정보가 악용되기가 쉬워요.

어휘2

뛰어들다 끼어들다 덤벼들다 몰려들다 밀려들다	모여들다 스며들다 움츠러들다 누그러들다

• 에릭의 하루입니다.(   )에 알맞은 단어를 쓰십시오.

아침 출근길에 가벼운 접촉 사고가 났다. 자동차가 갑자기 내 차 앞으로 (보기 끼어드는)는/은/ㄴ 바람에 부딪히고 말았다. 그런데 앞 차 운전자는 차에서 내려서 다짜고짜 나에게 ❶ (   )며 화를 냈다. 나 또한 상대편 운전자의 적반하장에 ❷ (   )지 않고 같이 화를 냈다. 그러자 지나가던 사람들도 하나둘씩 ❸ (   )기 시작했다. 잠시 후 내가 부른 보험 회사 직원이 도착했고 경찰도 출동해서 사고를 해결했다. 다시 차를 운전해서 회사로 향하면서 화가 좀 ❹ (   )으니까/니까 처음에 이성적으로 대처하지 못했던 내 행동에 대한 후회가 ❺ (   )었다/았다/였다.

• 황당했던 경험에 대해서 보기 와 같이 이야기하십시오.

보기

가 정말 추운 겨울 어느 날이었어요. 친구와 유명한 맛집에 갔는데 줄이 정말 길었어요. 우리는 음식을 꼭 먹겠다며 줄을 섰어요. 30분쯤 추위에 덜덜 떨면서 기다리고 있을 때였어요. 갑자기 어떤 사람이 우리 앞으로 슥 **끼어드는** 거예요. 그래서 우리가 줄을 서라고 했는데 그 사람은 우리 이야기를 듣지 않았고 결국 싸움으로 번졌어요. 집에 돌아와서 화가 좀 **누그러들자** 후회가 되더라고요.

나 저도 비슷한 경험이 있어요. 그럴 때는 화를 참기가 어렵죠. 이해해요.

-는다고/ㄴ다고/다고 치다

동사나 형용사에 붙어서 그렇게 가정하거나 간주함을 나타낸다.

- 네가 정 그렇게 억울하다면 내가 잘못했다고 치자.
- 집들이에 적어도 10명은 온다고 치고 음식을 만들어 놓기로 했어요.
- 에릭 씨 말대로 영어 조기 교육이 효과가 크다고 칩시다. 하지만 그에 따르는 다른 부작용에 대해서는 어떻게 생각하십니까?
- 유명인이니 당의 공천은 비교적 쉽게 받는다고 쳐도 첫 출마에서 국회의원으로 당선이 되기는 힘들 거예요.

가 최근 치른 시합마다 큰 점수 차이로 우리 팀이 지고 있어요. 단시간 안에 다시 좋은 성적을 낼 방법이 없을까요?
나 글쎄요. 선수들의 떨어진 사기는 금방 끌어올릴 수 있다고 쳐도 선수들의 실력을 하루아침에 향상시키기는 어렵죠.

가 당장 다음 주부터 중간시험 기간이 시작되는데 지금까지 공부해 놓은 과목이 한 개도 없어. 암기 과목은 밤을 새워서 외운다 쳐도 논술형 시험은 지금부터 준비해도 잘 보기 힘들 것 같아.
나 그러니까 진작 시험 준비를 했어야지. 자업자득이야.

● 방송국 프로듀서와 작가들이 프로그램을 기획하는 회의를 합니다. 보기 와 같이 이야기 하십시오.

안건	제안	반대 이유
보기 소재	시민들을 인터뷰해서 그들의 살아가는 이야기를 들어 본다.	처음에는 시청자들의 공감을 살 수 있겠지만 사람들의 살아가는 모습이 비슷비슷해서 식상해질 가능성이 크다.
1) 방송 형태	생방송으로 박진감 넘치고 예측 불가한 방송을 만들어 본다.	작은 방송 사고가 발생했을 때는 사회자가 잠깐 동안은 시간을 끌어줄 수 있겠지만 큰 방송 사고가 발생했을 때는 막을 방법이 없다.
2) 사회자	요즘 최고의 주가를 올리고 있는 인지도 높은 유명인 사회자를 섭외한다.	섭외를 할 수 있겠지만 바쁜 스케줄로 인해서 촬영 일정을 잡는 데 제약이 많을 것이다.
3) 출연진	일반인을 현장에서 섭외한다.	시청자들의 관심을 끌 수는 있겠지만 다양한 연령층을 즉석에서 섭외하기가 어렵고 섭외 자체가 쉽지 않은 날도 있을 것이다.
4) 촬영 장소	지하철역이나 공원 등 사람이 몰려 있는 장소를 옮겨 다니면서 촬영한다.	날씨가 좋으면 촬영에 어려움이 없겠지만 야외이니만큼 촬영이 어려운 날이 많을 것으로 예측된다.
5) 방송 시간	주말 저녁 황금 시간대로 편성한다.	기획안이 좋다면 좋은 시간대에 편성이 되겠지만 타 방송사들의 쟁쟁한 프로그램과 경쟁해야 해서 시청률이 잘 나오지 않을 가능성이 높다.

보기

가 새로운 프로그램을 기획해 봅시다. 먼저 소재에 대한 아이디어가 있으면 자유롭게 이야기해 주세요.
나 평범한 시민들을 인터뷰해서 그들의 일상생활과 살아가는 이야기를 들어 보는 건 어떨까요?
가 음, 글쎄요. 처음에는 시청자들의 공감을 **살 수 있다고 쳐도** 사람들의 살아가는 모습이 비슷비슷해서 금방 식상해질 것 같습니다.

연습해 봅시다

• 인류의 삶에 큰 영향을 미친 발명품은 무엇입니까? 보기 와 같이 이야기하십시오.

발명품	장점	단점
보기 비행기	나라 간 활발한 교류를 가능하게 만들어서 세계 경제 발달에 기여했다.	환경 오염을 가속화시켰다.
1) 인터넷	언제 어디서든지 정보를 쉽게 얻을 수 있고 모든 일처리를 빠르고 간편하게 할 수 있게 됐다.	개인 정보 유출과 사생활 침해, 인간 소외 등의 다양한 문제점들을 유발했다.
2) 다이너마이트	동굴을 뚫거나 땅을 뚫는 등 건물 시공을 좀 더 용이하게 만들었다.	전쟁에 악용됐다.
3)		

보기

가 첨단 과학 기술로 만들어진 발명품들이 참 많은데 그중에서도 비행기는 인류의 삶을 정말 많이 바꿔 놓은 것 같아요. 비행기의 발명으로 전 세계가 1일 생활권 시대에 접어들면서 그야말로 지구촌 시대가 **도래했다고** 해도 과언이 아니에요.

나 이제 비행기가 없는 삶은 상상할 수도 없을 정도로 우리의 삶에 깊숙이 **스며들었죠**. 비행기의 발명이 세계 경제 발전에 **기여했다고 쳐도** 환경 오염을 가속화시키는 원인이 되기 때문에 마냥 인류의 삶을 **윤택하게** 만들었다고만은 할 수 없죠.

2. 융합의 시대

- 학문 간 결합으로 만들어진 것에는 무엇이 있습니까?
- 여러 학문들이 통합되어 연구가 이루어지면 어떤 장점이 있을까요?

진행자 안녕하십니까? '최고 경영자를 만나다' 시간입니다. 오늘날 공공장소에서 볼 수 있는 현금 자동 인출기나 기차역의 무인 발급기 등은 모두 화면을 손가락으로 눌러서 사용하도록 돼 있습니다. 이 입력 장치를 처음으로 스마트폰에 도입해 실용화한 사람은 세계적인 전자 제품 회사의 회장입니다. 기술적, 비용적 이유로 모두가 개발을 꺼릴 때 그는 이를 과감하게 밀고 나갔습니다. 회사 내에서도 반대에 부딪혔기 때문에 중간에 포기했을 법도 한데 수많은 시행착오를 거친 끝에 2007년 손으로 누르면 작동되는 스마트폰을 발표했습니다. 이 스마트폰으로 회사는 비약적인 발전을 하게 되었고 독자적인 디자인과 기술도 구축하게 됐습니다. 뭐든 만지고 싶어 하는 인간의 본질적인 욕구를 입력 장치에 적용해서 단순하면서도 고급스러운 기기를 탄생시켰습니다. 이것은 인간에 대한 이해와 첨단 기술이 접목된 융합 과학의 결과물이라고 할 수 있죠. 지금부터 전문가를 모셔서 직접 이야기를 들어 보도록 하겠습니다.

실용화하다 시행착오 비약적 독자적 융합

어휘1

공학, 수학, 자연 과학		인문학, 사회 과학, 예술학
과학적 이론 적용 기술 개발, 구조 설계	**융합** **학문 간 결합** **통합적 탐구**	비용, 편익 분석 건물 외관 및 제품 디자인 고안, 구현

- 강의의 일부분입니다. (　　)에 알맞은 표현을 쓰십시오.

교수 이번 시간에는 (보기 융합) 과학에 대해서 생각해 보겠습니다. 융합 과학은 세분화된 학문들의 ① (　　　　　　)을/를 통해서 만들어진 새로운 과학 분야를 말합니다. 각 학문의 개별적인 특성은 유지하되 각각의 요소를 모두 고려해서 ② (　　　　　　) 탐구를 이루어 냅니다. 예를 들어 자동차를 만들 때 공학, 자연 과학 분야에서는 자동차 엔진의 작동 원리, 각종 센서 등의 기술을 ③ (　　　　　　)습니다/ㅂ니다. 자동차의 구조도 ④ (　　　　　　)고요. 그리고 인문·사회 과학, 예술학 분야에서는 사람들에게 편안함을 주면서 매력적으로 다가가는 디자인을 고안한 후 그 디자인을 실제 자동차 차체와 부품에 ⑤ (　　　　　　)습니다/ㅂ니다. 융합 과학은 앞으로 환경, 에너지, 식량 문제 등 인간의 삶과 관계된 여러 분야에 영향을 미칠 것입니다.

- 융합 과학이 적용된 예에 대해서 보기와 같이 이야기하십시오.

보기

가 건축에도 융합 과학이 적용됩니다. 공학이나 자연 과학 분야에서는 물리적 힘의 법칙이라는 과학적 이론을 근거로 지반 검사를 하고 건물 구조를 튼튼하게 설계합니다.

나 그리고 예술학 분야에서는 건물 외관을 디자인합니다.

어휘2

고급스럽다 거추장스럽다 요란스럽다 고집스럽다 극성스럽다	당혹스럽다 곤혹스럽다 먹음직스럽다 번잡스럽다

- 존의 일기입니다. (   )에 알맞은 단어를 쓰십시오.

20XX년 1월 10일 맑음

오늘은 친구 때문에 당혹스러운 하루를 보냈다. 점심을 같이 먹기로 한 민철이를 만났다. 민철이의 손에는 너무 커서 들고 다니기가 (보기 거추장스러운)~~은/ㄴ~~ 우산이 들려 있었다. 민철이는 요즘 눈이 오락가락해서 우산을 가지고 왔다고 했다. 우리는 핸드폰으로 피자집을 검색한 후에 맛집이라고 나오는 식당을 찾아갔다. 막상 식당에 도착하니 인터넷에서 본 것과 다르게 분위기가 매우 ① (   )었다/았다/였다. 분위기에 걸맞게 가격도 비싼 편이었다. 조금 후에 음식이 나왔는데 정말 ② (   )어/아/여 보였다. 그런데 민철이가 한 이틀은 굶은 사람처럼 쩝쩝거리며 ③ (   )게 먹는 것이었다. 나는 주변 사람들의 눈치가 보이기 시작했다. 게다가 민철이는 회사에서 승진은 언제 하냐, 지난번보다 살이 왜 쪘냐 등 대답하기가 ④ (   )는/은/ㄴ 질문들을 나에게 계속 해 댔다. 점심시간 내내 민철이에게 시달리고 집에 돌아오면서 당분간 민철이의 연락을 피해야겠다고 생각했다.

- 여러분이 경험한 일에 대해서 보기 와 같이 이야기하십시오.

보기

가 제 동생은 성격이 매우 **고집스러워요**. 남의 충고는 절대 듣지 않고 자기가 하고 싶은 대로만 하거든요. 게다가 자기가 관심 있는 주제에 대한 이야기를 할 때면 정말 **요란스럽게** 떠들어 대요.

나 동생들은 다 철이 없어요. 제 동생은 아이돌 가수의 **극성스러운** 팬이에요. 그래서 아이돌 가수의 모든 스케줄을 따라다녀요.

-을/ㄹ 법하다

동사나 형용사에 붙어서 일어날 가능성이 많거나 그렇게 되는 것이 마땅하다고 추측할 수 있는 상황에서 사실은 이와 다를 때 쓴다.

- 피해자는 사생활 침해로 고소할 법한데 문제 삼지 않겠다고 한다.
- 선거에 6번이나 낙방했으면 포기할 법도 한데 또 출마하겠다고 한다.
- 사건이 발생하고 시간이 이 정도로 흘렀으면 지금쯤은 대책이 마련됐을 법한데 정부가 발표를 미루고 있다.
- 일주일이나 밤을 새워서 일했으니 지칠 법한데 모두들 피곤한 기색도 없이 일에 열중하고 있다.

가 올림픽을 앞두고 국가 대표 선수들은 더운 날씨에도 훈련에 여념이 없네요.
나 이런 날씨에 다들 쉬고 싶을 법도 한데 누구 하나 흐트러지지 않는 걸 보면 올림픽을 향한 의지가 대단해요.

가 올해 우리 회사 상반기 영업 실적이 사상 최고라면서요?
나 네. 이럴 때는 사장님께서 격려 말씀을 하실 법도 한데 아직 아무 얘기도 없어요.

- 친구들과 한 정치가에 대해서 평가합니다. 보기 와 같이 이야기하십시오.

추측	사실
보기 지지율이 5% 미만이면 기권할 것이다.	꿋꿋하게 선거 운동을 하고 있다.
1) 대기업 회장으로 만족할 것이다.	국회 의원 선거에 출마했다.
2) 유세장에 사람이 별로 없어서 연설을 금방 끝낼 것이다.	몇 시간씩 연설을 했다.
3) 기자들로부터 예상치 못한 질문을 받으면 당황할 것이다.	그런 기색을 감추고 오히려 미소를 지었다.
4) 소속 정당의 정책이면 무조건 따를 것이다.	자기의 소신을 가지고 객관적으로 정책을 평가했다.
5) 평생을 금수저로 살았으니 서민들의 애환을 이해하지 못할 것이다.	서민들의 편에 서서 서민들을 위한 법 제정을 위해 힘쓰겠다는 포부를 밝혔다.

보기

가 요즘 화두는 단연코 대선이야. 선거에 대한 국민들의 관심도 많고 다양한 이력의 후보들이 각자의 강점들을 가지고 있어서 선거 결과가 궁금해. 한 야당 후보는 예측을 벗어나는 행보로 사람들과 언론의 주목을 받고 있는 것 같아.
나 맞아. 지지율이 5% 미만이면 **기권할 법한데** 꿋꿋하게 선거 운동을 하고 있어서 유권자들의 마음을 움직이고 있대.

연습해 봅시다

• 융합 과학 기술을 적용해서 기존에 있는 것들의 기능을 향상시켜 봅시다. 보기 와 같이 이야기하십시오.

항목	향상시킬 기능
보기 스마트폰	- 배터리가 닳지 않는 기술 - 오랜 시간 핸드폰을 사용해도 손에 불편함을 주지 않는 디자인
1) 손난로	- 체온에 맞춰 온도가 자동으로 조절되는 기능 - 충전을 해서 재사용할 수 있는 기술
2) 칠판	- 눈의 피로를 덜 느끼게 하는 색 - 버튼 하나만 누르면 저절로 지워지는 기능
3)	

보기

가 제가 과학자라면 융합 과학 기술을 적용해서 기존의 스마트폰 기능을 향상시켜 보고 싶어요. 배터리가 닳지 않는 핸드폰이 나왔으면 좋겠어요. 그동안 많은 연구가 이루어졌을 법한데 아무래도 쉽지 않은 기술인가 봐요.

나 그렇다면 공학과 자연 과학 분야에서 과학적 이론을 적용해서 기술을 개발해야겠군요. 또한 배터리가 닳지 않으면 핸드폰을 오래 쓰게 될 테니까 손에 불편함을 주지 않으면서도 세련되고 고급스러운 디자인이 고안되어야 할 것 같아요.

복습

1 알맞은 단어를 골라서 (   )에 쓰십시오.

시행착오	도래	열을 올리다	비약적	이바지	실용화	인공 지능

이제 전 세계는 4차 산업 혁명 시대의 ❶ (   )을/를 앞두고 있다. 4차 산업 혁명은 ❷ (   ), 로봇 기술, 자율 주행, 가상 현실 등이 주도하는 차세대 산업 혁명을 말한다. 기업들은 시대의 흐름에 발맞춰 너나없이 새로운 기술 개발에 ❸ (   )고/하고 있다. 이러한 기술들이 ❹ (   ) 단계에 도달하기까지 수많은 ❺ (   )을/를 거치겠지만 우리들이 그 혜택을 누리는 날을 손꼽아 기대해 본다.

융합	첨단 과학 기술	구현	모여들다	발상	끼어들다

과학기술정보통신부의 주최로 로봇 축구 대회가 개최됐다. 대학생들은 기계, 전자, 전기, 무선 통신 등을 ❻ (   )한 로봇을 직접 제작해서 대회에 참가했다. 다양한 분야의 ❼ (   ) 이/가 로봇의 몸체로 ❽ (   )된 모습을 보기 위해서 행사장에는 관련 분야의 전문가들이 ❾ (   )어/아/여 인산인해를 이뤘다.

2 다음 문법을 사용하여 이야기를 완성하십시오.

-는다고 치다	-을 법하다

가 손등에 전자 칩을 이식해서 지갑과 신분증 없이도 외출이 가능해진다는 뉴스를 봤어요? 영화에서나 ❶ ______________(보다) 는/은/ㄴ 일이 현실로 다가왔네요.

나 저도 봤어요. 하지만 우리의 삶이 ❷ ______________(윤택해지다) 어도/아도/여도 범죄로 악용되는 것을 막기 위한 제도 마련이 뒤따라 주지 않으면 사회에 큰 혼란을 야기할 거예요.

부록

연습 문제
모범 답안(교재)
연습 문제 답안
색인(어휘·문법)

11과 <1> 세계의 유산

어휘

1. 알맞은 단어를 골라서 (　　) 안에 쓰십시오.

스치다	어마어마하다	첨탑	가지런히
운치	어우러지다	솟다	

1) 대통령이 온다는 소식에 행사장에는 (　　　　　　)는/은/ㄴ 인파가 몰렸다.
2) 갑자기 불어 닥친 강풍에 교회 (　　　　　　)이/가 쓰러졌다.
3) 책장에는 책과 사진, 그림, 엽서 등이 (　　　　　　) 놓여 있었다.
4) 노래와 춤, 연기가 (　　　　　　)는/은/ㄴ 뮤지컬을 좋아하는 사람들이 많다.
5) 덕수궁 돌담길을 거닐 때 어디선가 들려오는 대금 소리가 (　　　　　　)을/를 더했다.

문법 -더라니

1. 다음을 연결하고 보기와 같이 쓰십시오.

보기	결국 병원에 갔다 왔구나.	● ●	어쩐지 벽에 못이 안 박히다
1)	출근 시간에 접촉 사고가 났어.	● ●	아침에 집에서 나올 때 뭔가 허전하다
2)	아, 휴대폰이 없네.	● ●	어제 많이 먹다
3)	이게 콘크리트 벽이라고요?	● ●	어쩐지 꿈자리가 뒤숭숭하다
4)	둘이 몸싸움까지 했다고?	● ●	볼 때마다 손님들이 줄을 서 있다
5)	여기가 유명한 맛집이었군요.	● ●	평소에 영수의 말이 거칠다 싶다

보기 결국 병원에 갔다 왔구나. 어제 많이 먹는다 싶더라니.

1) ______________________________.
2) ______________________________.
3) ______________________________.
4) ______________________________.
5) ______________________________.

2. 다음에서 알맞은 것을 골라서 보기 와 같이 대화를 완성하십시오.

간밤에 꿈자리가 좋다	건축미가 뛰어나다
물을 너무 자주 주는 것 같다	명품이라고 턱없이 비싸다
어쩐지 가방 가격이 너무 저렴하다	영하의 날씨에 얇은 옷을 입고 다니다

보기 **가:** 왜 그렇게 기분이 좋아? 복권에라도 당첨된 사람처럼.
나: 응. 3등에 당첨되었어. 간밤에 꿈자리가 좋더라니.

1) **가:** 방학 때 갔던 병산서원이 세계 유산에 등재되었대요.
나: 그랬구나. 어쩐지 공간 배치도 남다르고 ______________________.

2) **가:** 명품인데 70%나 할인을 하네.
나: ______________________. 결국 안 팔려서 할인을 하나 봐요.

3) **가:** 화분에 있는 꽃들이 왜 이렇지? 날마다 물을 주었는데.
나: ______________________. 뿌리가 썩은 거 아니야?

4) **가:** 가방을 산 지 얼마 안 됐는데 지퍼가 고장 났어.
나: ______________________.

5) **가:** 미선 씨가 감기에 걸렸어.
나: ______________________.

<2> 전통의 재창조

어휘

1. 알맞은 단어를 골라서 (   ) 안에 쓰십시오.

편곡	들썩거리다	한바탕	흥
접목	거듭나다	돋우다	

1) 가수가 노래를 시작하자 관객들이 어깨를 (   )고 손뼉을 치면서 노래를 따라 불렀다.
2) 공항에 폭발물이 있다는 협박 전화에 (   ) 소동이 벌어졌다.
3) 폐교된 학교 건물이 예술가들의 작업 공간으로 (   )었다/았다/였다.
4) 민요는 처음 들으면 (   )이/가 나는데 계속 들으면 왠지 애잔해요.
5) 신약 개발에 인공 지능 기술을 (   )시키면 개발 기간을 단축시킬 수 있다.

문법

-음으로써/ㅁ으로써

1. 보기 와 같이 문장을 만드십시오.

> 보기 시설물 안전 점검을 실시하다 / 사고를 방지하겠습니다.
> → 시설물 안전 점검을 실시함으로써 사고를 방지하겠습니다.

1) 지하철역에 공기 정화 시설을 설치하다 / 미세 먼지 걱정을 덜어드리겠습니다.
→ ______________________________.

2) 옥수수로 만든 컵을 사용하다 / 플라스틱 사용을 줄일 수 있다.
→ ______________________________.

3) 한 가지 사업에 집중적으로 투자하다 / 그룹의 핵심 역량을 끌어올리고자 합니다.
→ ______________________________.

4) 최첨단 검사 장비를 도입하다 / 정확하고 빠른 진단이 가능해졌다.
→ ______________________________.

5) 배우는 다양한 배역을 소화하다 / 연기력을 인정받을 수 있다.
→ ______________________________.

2. 다음에서 알맞은 것을 골라서 보기 와 같이 대화를 완성하십시오.

특산물 시식회를 진행하다	전기 차를 운전해 보다
노인들을 참여시키다	캠페인을 벌이다
음식을 함께 나누다	형편이 어려운 기초 과학 전공자들을 지원하다

보기 **가:** 이번 행사에서 특별히 준비하고 있는 것이 있습니까?
나: 각 지역의 특산물 시식회를 진행함으로써 방문객들의 눈과 입을 즐겁게 만들 계획입니다.

1) **가:** 어린이 전기 차 운전 교육 행사를 진행하는 목적이 무엇입니까?
   나: 아이들이 ______________ 친환경 차량에 대한 관심을 높일 수 있습니다.

2) **가:** 식품 안전에 대한 국민들의 의식을 높일 수 있는 방법이 있을까요?
   나: ______________ 국민들의 의식을 높일 수 있다고 봅니다.

3) **가:** 노인 공익 근무 제도의 취지가 뭐야?
   나: 공익 근무제에 ______________ 젊은 층의 부담을 덜고 노인들에게 일자리를 제공하자는 거야.

4) **가:** 명절 음식을 만들어서 양로원을 찾는 이유가 있습니까?
   나: ______________.

5) **가:** 동문회에서 기금을 마련하는 목적이 무엇입니까?
   나: ______________.

12과 <1> 한국의 기후

어휘

1. 알맞은 단어를 골라서 (　　) 안에 쓰십시오.

최적	온난 습윤 기후	위도	한랭	고온
강우량	비옥하다	수확량	재배	다습하다

1) 태풍이 전국을 강타하는 바람에 올해 벼 (　　　　　　)은/는 지난해보다 감소할 것으로 예측됩니다.
2) (　　　　　　)이/가 같은 지역들은 비슷한 기후 조건을 가지고 있다.
3) (　　　　　　)는/은/ㄴ 날씨 탓에 여름이 되면 제습기가 많이 팔려요.
4) 바람이 많이 불고 주택가가 없는 이곳은 풍력 발전소가 들어서기에 (　　　　　　)의 장소이다.
5) 남부 지방은 땅이 (　　　　　　)어서/아서/여서 곡식의 수확량이 많고 품질도 좋아요.

문법

-는/은/ㄴ 까닭에

1. 보기 와 같이 문장을 만드십시오.

> 보기 올해는 가뭄이 계속됐다 / 농작물의 수확량이 급격히 줄었다.
> → 올해는 가뭄이 계속된 까닭에 농작물의 수확량이 급격히 줄었다.

1) 정부가 늑장 대응을 했다 / 산불이 걷잡을 수 없이 확산됐습니다.
→ ______________________________.

2) 서로를 이해하려는 대화가 부족하다 / 세대 간 갈등이 심해지고 있다.
→ ______________________________.

3) 회사 사정이 안 좋다 / 직원들의 사기가 떨어지고 있습니다.
→ ______________________________.

4) 자기 중심적으로 행동하다 / 주변에 남아나는 친구가 없다.
→ ______________________________.

5) 입시 제도가 해마다 바뀌다 / 학생 1인당 사교육비 지출이 늘어났다.
→ ______________________________.

2. 다음에서 알맞은 것을 골라서 보기 와 같이 대화를 완성하십시오.

> 보기 **가:** 우리 회사가 곧 구조 조정에 들어간다면서요?
> **나:** 네. 세계적으로 불경기가 계속되는 까닭에 회사 사정도 나빠졌대요.

1) 가: 두 사람은 결혼한 지 3개월 만에 이혼했다면서요?

나: ______________________ 성격 차이를 극복하지 못했던 것 같아요.

2) 가: 예전보다 사람들이 마음의 여유가 많이 없어진 것 같아요.

나: ______________________ 너도나도 생활이 점점 팍팍해지는 것 같아요.

3) 가: 예전에 비해서 직원들의 회식 자리가 많지 않아서 아쉽군.

나: ______________________ 대부분의 직원들은 자기 할 일이 끝나면 바로 퇴근하더라고요.

4) 가: 저출산 현상이 국가 경쟁력에 어떤 영향을 미칠까요?

나: ______________________.

5) 가: 중학생들의 독해력이 점점 떨어지고 있대요.

나: ______________________.

12과 <2> 기후 변화

어휘

1. 알맞은 단어를 골라서 (   ) 안에 쓰십시오.

폭염　배출　말미암아　기후 변화
대처　재해　예견　속출

1) 오랜 내전으로 (   ) 사회 기반 시설의 대부분이 파괴되었고 국민들은 기아에 시달리고 있다.
2) 불황이 계속되자 부도를 막지 못하는 중소기업들이 (   )하고 있다고 합니다.
3) (   )이/가 연일 기승을 부리고 있으니 가급적 야외 활동을 자제하고 건강 관리에 유의하시기 바랍니다.
4) (   )으로/로 인해서 지구촌 곳곳에서 가뭄, 이상 고온 현상, 홍수 등이 빈번히 발생하고 있다.
5) 과학자들은 머지않아 인간들이 하는 일을 모두 로봇이 하게 될 것이라고 (   )했다.

문법 **-으려니/려니**

1. 다음을 연결하고 보기 와 같이 쓰십시오.

보기	쥐꼬리만 한 월급으로 다섯 식구를 부양하다	피가 거꾸로 솟는 것 같았다.
1)	후배의 건방진 행동을 보고도 참다	입이 떨어지지 않더라고요.
2)	이해도 못한 채 무턱대고 책을 외우다	입에 풀칠하기도 힘드네요.
3)	드라마를 찍는데 톱스타를 여러 명 섭외하다	매년 엄청난 금액의 유지비가 든다고 해요.
4)	이십 년간 같이 일한 사원에게 사직을 권고하다	제작비가 감당이 안 될 것 같다.
5)	어마어마한 면적의 국립 공원을 관리하다	당연히 학습 능률이 안 오르지.

보기 쥐꼬리만 한 월급으로 다섯 식구를 부양하려니 입에 풀칠하기도 힘드네요.

1) ______________________________.
2) ______________________________.
3) ______________________________.
4) ______________________________.
5) ______________________________.

2. 보기 와 같이 대화를 완성하십시오.

> 보기 **가:** 가요계에 데뷔하고 나서 처음으로 갖는 콘서트인 만큼 소감이 남다르겠어요.
> **나:** 수만 명의 관중들 앞에 서려니 너무 긴장돼서 소화도 안 돼요.

1) **가:** 오늘 집중을 잘 못하시는 것 같은데 무슨 일 있어요?

나: ______________________________ 피곤하네요.

2) **가:** 요즘 기업들은 노동력이 비교적 싼 나라로 공장을 이전하는 추세인 것 같아요.

나: ______________________________ 비싼 인건비를 감당하기 쉽지 않을 거예요.

3) **가:** 미선이는 결국 다니던 대학교를 자퇴하고 재수해서 미대에 진학했다며?

나: 응. ______________________________ 힘들었을 거야.

4) **가:** 너는 회사에 대해서 볼멘소리를 그렇게 하면서 계속 다니네?

나: ______________________________.

5) **가:** 국내 굴지의 대기업이 계열사 중 한 군데를 매각할 거라는 소식을 들었어요?

나: ______________________________.

13과 <1> 현대 사회와 인간

어휘

1. 알맞은 단어를 골라서 (　　) 안에 쓰십시오.

빈번하다	미흡	안전망	소외되다	근시안

1) 여름철에는 식중독이 (　　　　　　)게 발생하기 때문에 음식 관리에 주의해야 한다.
2) 눈앞에 닥친 일만 해결하고 보자는 식의 (　　　　　　)적인 시각으로 국가의 주요 정책을 세우면 안 된다.
3) 국가는 사회 취약 계층을 위한 사회적 (　　　　　　)을/를 제대로 갖추어야 해요.
4) 모든 사람을 만족시키기에는 정부의 지원 대책이 (　　　　　　)합니다.
5) 우리 회사에서는 (　　　　　　)는/은/ㄴ 이웃들을 위해서 연말에 성금을 모아 전달한다.

문법 -는/은/ㄴ 탓에

1. 보기와 같이 문장을 쓰십시오.

보기 겨울에는 산속에서 먹이를 구하기 어려워지다 / 인가로 내려오는 동물들이 많습니다.
→ 겨울에는 산속에서 먹이를 구하기 어려워진 탓에 인가로 내려오는 동물들이 많습니다.

1) 정부가 외국인 투자를 과도하게 규제하다 / 외국인 투자자들이 한국을 떠나고 있다.
→ ______________________________.

2) 폭염 때문에 전력 소비량이 급증하다 / 에너지 효율이 낮은 가전 제품 구매를 꺼리고 있어요.
→ ______________________________.

3) 심판이 편파 판정을 했다 / 우리나라 선수가 금메달을 따지 못했다.
→ ______________________________.

4) 기름을 싣고 가던 배가 침몰했다 / 해양 오염이 심각해졌습니다.
→ ______________________________.

5) 이상 고온 현상으로 겨울 날씨가 따뜻하다 / 겨울 축제들이 취소됐다.
→ ______________________________.

2. 보기 와 같이 대화를 완성하십시오.

보기 **가**: 뉴스를 보니까 호흡기내과나 이비인후과를 찾은 환자의 대부분이 감기 환자래요.
나: 요즘 일교차가 큰 탓에 감기 환자가 급증하고 있어요.

1) **가**: 김 선수는 왜 이번 경기에 출전하지 못하는 겁니까?

나: ______________________ 출전하기가 어려운 상황입니다.

2) **가**: 회의가 아직도 안 끝났어요?

나: 네, ______________________ 회의가 길어지고 있어요.

3) **가**: 요즘은 큰 산불이 났다는 소식이 잦은 것 같아요.

나: ______________________ 화재가 빈번하게 발생하고 있어요.

4) **가**: 요즘 백화점에서 물건을 구경하는 사람은 많은데 실제로 사는 사람은 별로 없대요.

나: ______________________.

5) **가**: ______________________.

나: 다음 시험을 잘 보면 되죠. 너무 속상해하지 마세요.

<2> 미래 사회의 모습

어휘

1. 알맞은 단어를 골라서 (　　) 안에 쓰십시오.

진화	암울하다	비극	멸종	상반되다	제작기

1) 많은 동물들이 (　　　　　) 위기에 처해 있습니다.
2) 생활이 어려운 사람들이 스스로 목숨을 끊는 (　　　　　)적인 사건들이 최근 들어서 자주 발생하고 있다.
3) 조기 유학은 아이에게 도움이 된다는 의견과 아이의 미래에 좋지 않은 영향을 미친다는 서로 (　　　　　)는/은/ㄴ 의견이 존재한다.
4) 인공 지능은 단순히 지식을 받아들이고 처리하는 것에서 나아가 스스로 학습하는 방향으로 (　　　　　)하고 있어요.
5) 한국은행이 내년도 국내 경제 성장률을 -1%로 전망하면서 한동안 국내 경기가 (　　　　　)을/ㄹ 것이라는 의견에 힘이 실리고 있다.

문법 이중부정

1. 보기 와 같이 문장을 쓰십시오.

보기 혁신적인 제도를 도입할 때에는 반발이 있다. (없을 수 없다)
→ 혁신적인 제도를 도입할 때에는 반발이 없을 수 없어요.

1) 박 감독이 한국 축구의 발전에 큰 기여를 했다는 것을 인정한다. (-지 않을 수 없다)
→ ______________________________.
2) 비밀번호를 아무리 복잡하게 설정한다고 하더라도 유출될 가능성이 있다. (없지는 않다)
→ ______________________________.
3) 직접 키우지 않았어도 낳았으니까 부모이다. (아니라고 할 수 없다)
→ ______________________________.
4) 큰 시험을 앞둔 수험생은 스트레스를 받는다. (-지 않을 수 없다)
→ ______________________________.
5) 아이가 아무리 독립적인 성격이더라도 부모의 영향이 있다. (없을 수 없다)
→ ______________________________.

2. **다음에서 알맞은 것을 골라서 보기 와 같이 대화를 완성하십시오.**

정부 정책을 비판하지 않을 수 없다	미숙함이 없지는 않다
인공 지능의 진화가 계속되지 않을 수 없다	수술 부작용이 없을 수 없다
실력이 느는 데에 한계가 없지는 않다	친구가 아니라고 할 수 없다

보기 **가:** 이번 정부의 부동산 정책은 완전히 실패인 것 같아요.
나: 집값을 잡는다는 것이 오히려 가격을 오르게 만들었기 때문에 정부 정책을 비판하지 않을 수 없어요.

1) 가: 인공 지능이 어디까지 발전할지 좀 두려워요.
나: 그러게요. 하지만 ________________ 우리는 앞으로 인공 지능을 어떻게 활용할지 진지하게 고민해야 해요.

2) 가: 아직 나이가 젊으신데 국회의원 후보로서 자신의 강점이 뭐라고 생각하십니까?
나: 제가 20대 후반이어서 ________________ 대신 참신한 아이디어로 국회에 활력을 불어 넣겠습니다.

3) 가: 수술 날짜는 잡혔는데 부작용이 있을까 봐 걱정이에요.
나: ________________. 다만 치료 효과에 비해서 부작용이 크지 않다면 수술을 선택해야겠지요.

4) 가: 스무 살이 넘어서 외국어를 배워도 원어민처럼 할 수 있을까요?
나: ________________________________.

5) 가: 팀장님과 고등학교 동창이라고 들었는데 가까운 사이십니까?
나: ________________________________.

14과 <1> 한국의 전통 윤리

어휘

1. 알맞은 단어를 골라서 ( ) 안에 쓰십시오.

> 경천애인 공경 고스란히 정진하다
> 고리타분하다 안목 항거하다

1) 골동품 장사를 하려면 진품과 명품을 알아보는 (   )이/가 필요하다.
2) 어렸을 때 고전은 (   )고 재미없다는 생각으로 거의 안 읽었다.
3) 앞으로도 의미 있는 연구를 이어 나갈 수 있도록 (   )겠습니다.
4) 우리 봉사회는 주말마다 독거노인들께 국수를 대접하며 어른에 대한 (   )와/과 사랑을 실천하고 있다.
5) 국립 중앙 박물관에서 대중가요 100년의 역사가 (   ) 담긴 사진들을 특별 전시하고 있다.

문법

-겠거니 하다

1. 보기 와 같이 문장을 쓰십시오.

> 보기 17인치 노트북이라서 무거울 거라고 생각했는데 가벼웠어요.
> → 17인치 노트북이라서 무겁겠거니 했는데 가벼웠어요.

1) 처음에 설명했으니까 알고 있을 거라고 생각하고 다시 설명하지 않았어요.
→ ______________________________.
2) 좀 쉬면 목 상태가 좋아질 거라고 생각했는데 더 안 좋아졌어요.
→ ______________________________.
3) 회의가 끝났을 거라고 생각하고 노크도 안 하고 문을 벌컥 열었다.
→ ______________________________.
4) 여권이 가방에 들어 있을 거라고 생각했는데 없어서 너무 당황스러웠어요.
→ ______________________________.
5) 불고기 맛이 다 거기에서 거기일 거라고 생각했는데 오늘 먹은 건 색다른 맛이었어요.
→ ______________________________.

2. 보기 와 같이 대화를 완성하십시오.

> 보기 **가:** 왜 이렇게 두꺼운 옷을 입었어?
> **나:** 비가 와서 춥겠거니 했는데 어제보다 포근하네.

1) **가:** 엄마, 벌써 9시인데 저를 깨우지 그러셨어요?

나: 어제 밤늦게 들어와서 ______________________________.

2) **가:** 왜 중학교 수학책을 보는 거예요?

나: 아이를 가르치려고 봐요. 중학교 1학년 수학이라서 ______________________________.

3) **가:** 백화점에서 어떻게 하다가 아이를 잃어버렸어요?

나: ______________________________ 뒤돌아보니 없더라고요.

4) **가:** 새로 산 기능성 베개 어때요? 효과가 있어요?

나: ______________________________.

5) **가:** 형, 내 방에 있던 누런 색 박스 못 봤어?

나: ______________________________.

<2> 현대인의 가치관

어휘

1. 알맞은 단어를 골라서 (   ) 안에 쓰십시오.

좌우명　　연연하다　　과감히　　정립하다
떠다니다　　길잡이가 되다

1) 조선 시대의 선비들은 세상의 부와 권력에 (   )지 않았다.
2) 부모의 양육 태도가 자녀가 가치관을 (   )는/은/ㄴ 데 영향을 준다.
3) 월드컵 대회에서 김 감독은 신인 선수들을 (   ) 주전으로 기용했다.
4) 스티로폼이나 페트병은 바다 위를 (   )다가 미세 플라스틱이 되어 해양 오염을 일으킨다.
5) 인생의 방향을 찾지 못하는 청소년들에게 명사들의 강연이 (   )고 있다.

문법

-을/ㄹ 바에야

1. 보기 와 같이 문장을 만드십시오.

보기 비겁한 방법으로 이기다 / 지는 게 나아요.
→ 비겁한 방법으로 이길 바에야 지는 게 나아요.

1) 말도 안 되는 변명을 하다 / 아예 아무 말도 하지 않는 게 나아.
→ ________________________________.

2) 한두 달 일하다가 그만두다 / 시작도 하지 마세요.
→ ________________________________.

3) 적성에 안 맞는 일을 하다 / 백수로 지내는 게 낫지.
→ ________________________________.

4) 도와주고 그렇게 생색을 내다 / 도와주지 마라.
→ ________________________________.

5) 불편한 사람과 식사를 하다 / 한 끼 굶는 게 나아.
→ ________________________________.

2. 보기 와 같이 대화를 완성하십시오.

> 보기 **가:** 목표로 했던 대학에 가기에는 점수가 모자라는 것 같은데 어쩌니?
> **나:** 원하는 대학에 가지 못할 바에야 재수할 거예요.

1) **가:** 냉장고가 오래 돼서 그런지 수리비 견적이 꽤 나올 것 같아요.
   나: ______________________________ 새 냉장고를 사자.

2) **가:** 계속 소화가 안 되는데 큰 병일까 봐 걱정이 돼요.
   나: 그렇게 앉아서 ______________________________ 하루라도 빨리 검사를 받아 봐.

3) **가:** 고백을 하자니 거절당할까 봐 두렵고 안 하자니 자꾸 신경이 쓰여.
   나: ______________________________ 거절을 당하더라도 한번 고백해 보는 게 어때?

4) **가:** 나는 컴퓨터는 잘 모르니까 영수한테 물어봐.
   나: ______________________________.

5) **가:** 야당 국회의원들이 사사건건 부딪치며 계속 계파 싸움을 하고 있어요.
   나: ______________________________.

15과 <1> 창조와 예술

어휘

1. 알맞은 단어를 골라서 (   ) 안에 쓰십시오.

회자되다 아우르다 과감하다 구현하다
영감 설계 창조성

1) 예술가들은 작품에 대한 (   )을/를 얻기 위해서 많은 전시회를 보러 다닌다.
2) 머릿속에서만 그리던 집을 실제로 (   )는/은/ㄴ 모습을 보니까 가슴이 두근거릴 만큼 설레었어요.
3) 우리 팀은 10대부터 20대까지의 취향을 (   )는/은/ㄴ 제품을 개발해야 해요.
4) 환영회에서 애국가를 불렀던 신입 사원의 일화는 아직까지도 사원들 사이에서 (   )고 있다.
5) 신규 투자에 대한 회장님의 (   )는/은/ㄴ 결단으로 회사가 다시 업계 1위 로 올라섰다.

문법 이자

1. 보기 와 같이 문장을 쓰십시오.

보기 제 아내는 인생의 동반자 / 조언자입니다.
→ 제 아내는 인생의 동반자이자 조언자입니다.

1) 나에게 오피스텔은 집 / 사무실이다.
→ ______________________________.
2) 화장품 회사를 운영하는 박수영 씨는 유명한 사업가 / 방송인이에요.
→ ______________________________.
3) 내가 사는 동네는 이웃과 함께 삶을 즐길 수 있는 공간 / 평화롭고 인간미가 넘치는 안식처이다.
→ ______________________________.
4) 대통령은 한 나라의 수장 / 한 가정의 가장으로서 모범적인 모습을 보여 왔습니다.
→ ______________________________.
5) 연예인 매니저는 연예인의 비판자 / 조력자예요.
→ ______________________________.

2. 다음에서 알맞은 것을 골라서 보기 와 같이 대화를 완성하십시오.

위기 / 기회	나라의 현재 / 미래
스승 / 친구	큰 경험 / 교훈
여성 최초 / 최연소	유명한 가수 / 환경 운동가

보기 **가:** 시장의 변화가 너무 빨라서 따라가기가 어려워요.
나: 저는 빠른 변화가 우리 회사의 위기이자 기회라고 생각해요.

1) **가:** 20~30대 청년들이 사회에서 좀 더 적극적으로 활약해야 할 텐데요.
나: 맞아요. 청년들이 ______________________ 만큼 많은 역할을 하기를 바라요.

2) **가:** ______________________ 김성수 씨를 이번 모임에 초대했습니다.
나: 영향력이 큰 분이니까 환경 운동에 큰 도움이 될 것이라고 생각합니다.

3) **가:** 이번 일은 저에게 ____________ 되었습니다.
나: 이번 일을 겪으면서 많이 성숙해졌을 거라고 생각합니다.

4) **가:** 어머니에 대한 기억을 책으로 엮으신 사연을 듣고 싶습니다.
나: ____.

5) **가:** 박수영 씨가 이번에 사장으로 취임했다고 들었어요.
나: ____.

<2> 현대 사회와 문화 콘텐츠

어휘

1. 알맞은 단어를 골라서 ( ) 안에 쓰십시오.

교감 타 일상사 친숙하다
누비다 사로잡다 불러일으키다

1) 반려동물과 ( )하는 것은 아이들의 정서 발달에 매우 도움이 돼요.
2) 운동장을 거침없이 ( )는/은/ㄴ 축구 선수들의 모습이 활기차 보인다.
3) 화장품 광고의 강렬한 광고 문구가 시청자의 눈길을 ( )었다/았다/였다.
4) 대통령은 전통 시장을 방문하거나 등산을 하는 등 국민들에게 ( )게 다가가려고 애쓰고 있습니다.
5) 20년 전 대학생들의 생활을 그린 드라마가 옛 시절에 대한 시청자들의 향수를 ( )었다/았다/였다.

문법 이야말로/야말로

1. 보기 와 같이 문장을 만드십시오.

보기	1970년대	●·····●	한국이 큰 경제 성장을 이룬 시기였다.
1)	외국어 능력	● ●	성공의 비결이라고 할 수 있습니다.
2)	인성 교육	● ●	주식에 투자할 적절한 시기이다.
3)	꾸준한 노력	● ●	앞으로 성장 가능성이 큰 산업입니다.
4)	미래 식량 산업	● ●	세계화 시대에 가장 요구되는 능력이에요.
5)	불황기	● ●	자라나는 아이들에게 꼭 필요한 교육이다.

보기 1970년대야말로 한국이 큰 경제 성장을 이룬 시기였다.

1) ______________________________.
2) ______________________________.
3) ______________________________.
4) ______________________________.
5) ______________________________.

2. 다음에서 알맞은 것을 골라서 보기 와 같이 대화를 완성하십시오.

김치　경치　도덕성　성취감　소금　보도 사진

보기 **가:** 한국인들은 어떤 음식을 좋아할까요?
나: 김치야말로 한국인들에게 없어서는 안 되는 먹거리예요.

1) **가:** ______________________ 삶의 가장 중요한 원동력인 것 같아요.
나: 그럼요. 열심히 노력해서 뭔가를 얻게 되었을 때의 느낌은 무엇과도 바꿀 수 없어요.

2) **가:** 설악산에 처음 올라가 봤는데 경치가 정말 아름답더라고요.
나: 설악산 정상에서 보는 ______________________ 인생에서 한 번쯤은 꼭 봐야 할 것이에요.

3) **가:** ______________________ 역사의 현장을 잘 담아 낸 기록물이에요.
나: 그래서 저도 역사를 생생하게 느끼고 싶을 땐 사진을 찾아봐요.

4) **가:** 존경받는 대통령이 되려면 뭘 갖추어야 합니까?
나: ______________________.

5) **가:** 음식을 만들 때 없어서는 안 될 조미료는 뭘까요?
나: ______________________.

16과 <1> 언어의 이질성

어휘

1. 알맞은 단어를 골라서 (　　) 안에 쓰십시오.

분단	동화	심화	이질화
새터민	무안하다	생소하다	

1) 할아버지께서는 평생 남북으로 (　　　　　　)된 조국의 현실을 가슴 아파하셨다.
2) 빈부의 격차가 커지면 소비의 양극화도 (　　　　　　)된다.
3) 비싼 선물도 아닌데 받는 사람이 한사코 거절하니까 선물을 내민 내 손이 (　　　　　　)더군요.
4) 일반인들에게는 다소 (　　　　　　)는/은/ㄴ 전문 용어를 연구원이 상세하게 설명해 줬다.
5) 결혼 이민자가 한국 사회에 (　　　　　　)되기까지는 오랜 시간이 필요하다.

문법 **-기 일쑤이다**

1. 보기 와 같이 문장을 바꾸십시오.

보기 정신없이 일을 하다가 보면 자주 식사 때를 놓쳐요.
→ 정신없이 일을 하다가 보면 식사 때를 놓치기 일쑤예요.

1) 동생은 책 읽기를 좋아해서 한번 책을 잡았다 하면 자주 밤을 새워요.
→ ______________________________.
2) 김 대리는 아이를 어린이집에 맡기고 오느라고 자주 회사에 지각을 해요.
→ ______________________________.
3) 회의 시간에 내 의견은 자주 무시당해요.
→ ______________________________.
4) 어릴 때 동생하고 싸워서 엄마한테 자주 야단을 맞았어요.
→ ______________________________.
5) 옛날에는 전력 사정이 안 좋아서 자주 정전이 되었어요.
→ ______________________________.

2. 보기 와 같이 대화를 완성하십시오.

> 보기 **가:** 우리 애는 뭘 새로 사 줘도 금방 잃어버리고 와요.
> **나:** 아이들은 부주의해서 물건을 잃어버리기 일쑤니까 너무 속상해하지 마세요.

1) **가:** 아침 식사는 잘하고 다니세요?
나: 아침에는 밥 먹을 시간이 없어서 ______________________________.

2) **가:** 오늘은 왜 또 지각을 했어요?
나: 요즘 제가 버스에서 졸다가 ______________________________.

3) **가:** 외국인인데 젓가락질을 참 잘하시네요.
나: ______________________________ 지금은 한국 사람보다 잘해요.

4) **가:** 게임을 이렇게 좋아하는 걸 보니까 어릴 때 엄마한테 많이 혼났겠어요.
나: 맞아요. ______________________________.

5) **가:** 남자 친구가 생일이나 기념일을 잘 챙겨 주나요?
나: ______________________________.

어휘

1. 알맞은 단어를 골라서 (   ) 안에 쓰십시오.

국토	염원	이산가족	무수히
감당하다	상봉하다	뭉클하다	

1) 타국의 올림픽 경기장에서 휘날리는 국기를 보고 가슴이 (   )었다/았다/였다.
2) 하늘에는 별이 (   ) 많겠지만 도시에서는 좀처럼 보기 힘들다.
3) 기획안 작성은 신입 사원이 혼자 (   )기에 너무 과중한 업무입니다.
4) 우리 축구 대표 팀은 올림픽에서 그토록 (   )하던 금메달을 땄다.
5) 우리나라는 (   )의 대부분이 산지라서 도로나 주택을 건설하기가 쉽지 않습니다.

문법 -으련만/련만

1. 보기 와 같이 문장을 바꾸십시오.

> 보기 먼저 사과하면 용서해 주다 / 사과 문자 한 통이 없네요.
> → 먼저 사과하면 용서해 주련만 사과 문자 한 통이 없네요.

1) 여름이면 노숙이라도 하다 / 추운 겨울이라서 그럴 수도 없어요.
→ ______________________________.
2) 아이를 봐 줄 사람이 있으면 나도 가다 / 아이가 혼자 있어서 오늘은 못 가겠네요.
→ ______________________________.
3) 돈이 있으면 작은 가게라도 하다 / 형편이 안 되니 그럴 수도 없네요.
→ ______________________________.
4) 사실대로 말했으면 좋았다 / 거짓말을 해서 일이 커졌어요.
→ ______________________________.
5) 제가 끼어들지 않았으면 사고가 나지 않았다 / 빨리 가려다가 사고를 내고 말았어요.
→ ______________________________.

2. 보기 와 같이 대화를 완성하십시오.

> 보기 가: 다음 주에 아버님이 수술을 하신다면서요?
> 나: 네, 약으로 치료할 수 있으면 좋으련만 연세도 많으신데 수술을 해야 한다니 걱정이에요.

1) 가: 공장 시설을 좀 더 확충해야 하지 않을까요?

나: 경제 상황이 조금이라도 나아지면 ______________________________

2) 가: 내일 이사한다면서요? 도와줄 사람은 있어요?

나: ______________________________ 다들 고향에 돌아가서 부탁할 사람이 없어요.

3) 가: 요즘 중국어를 공부하신다면서요? 힘들지 않으세요?

나: ______________________________ 늦은 나이에 공부하려니 힘드네요.

4) 가: 지금 퍼지고 있는 전염병의 확산을 막을 수 있는 방법이 있을까?

나: ______________________________.

5) 가: 민생에 도움이 되는 정책들인데 왜 시행을 늦추려는 겁니까?

나: ______________________________.

17과 <1> 환경 오염과 보호

어휘 **1. 알맞은 단어를 골라서 (　　) 안에 쓰십시오.**

방출하다	간과하다	공존	대기 오염	촉구

1) 과학 기술이 발달하면서 자연과 인간의 (　　　　　　)이/가 점점 힘들어지고 있다.
2) 인터넷의 발달로 우리의 삶이 편리해졌지만 여러 가지 부작용도 (　　　　　　)어서는/아서는/여서는 안 된다.
3) 소비자들은 지속적으로 강에 몰래 공장 폐수를 (　　　　　　)어/아/여 온 기업에 대해서 불매 운동을 벌이기로 했다.
4) 매연을 줄이기 위한 특별한 대책이 나오지 않는 이상 (　　　　　　)은/는 더 심해질 것으로 전망된다.
5) 승객들은 운항 도중 비행기의 일시적인 엔진 오작동에 대해서 항공사의 빠른 해명을 (　　　　　　)했다.

문법 -었던들/았던들/였던들

1. 다음을 연결하고 보기와 같이 쓰십시오.

보기	피서객들이 안전 수칙을 준수하다 •	• 이렇게까지 건강이 나빠지지 않았을 텐데.
1)	문화재청이 문화재 관리에 소홀하지 않고 보존에 힘쓰다 •	• 이번 경기는 이길 수 있었다.
2)	규칙적으로 운동도 하고 영양제도 챙겨 먹다 •	• 도난 사고가 생기지 않았을 것이다.
3)	우리 팀 선수가 반칙으로 퇴장을 당하지 않다 •	• 이렇게까지 훼손되지 않았을 텐데.
4)	방범 시설을 제대로 갖추다 •	• 해수욕장에서 인명 사고가 발생하는 일은 없었을 것이다.
5)	만일의 경우를 대비하여 보험을 들어 놓다 •	• 지금처럼 사고를 당했을 때 병원비를 감당하기 힘들지 않았을 것이다.

보기 피서객들이 안전 수칙을 준수했던들 해수욕장에서 인명 사고가 발생하는 일은 없었을 것이다.

1) ______________________________.
2) ______________________________.
3) ______________________________.
4) ______________________________.
5) ______________________________.

2. 보기 와 같이 대화를 완성하십시오.

보기 **가:** 결국 노사 합의가 안 돼서 파업을 하기로 했다는군요.
나: 서로 조금씩만 양보했던들 파업 사태는 막을 수 있었을 텐데.

1) **가:** 동생이 오토바이 사고로 머리를 크게 다쳤다면서요? 많이 걱정되시겠어요.

나: 네. ______________________ 머리를 심하게 다치지는 않았을 거예요.

2) **가:** 올해도 태풍으로 해안 지역 주민이 피해를 입었대요.

나: ______________________ 똑같은 피해가 발생하지는 않았을 거예요.

3) **가:** 그 콘서트는 지정 좌석제가 아니라 선착순 입장이었다면서요?

나: ______________________ 더 가까이에서 볼 수 있었을 텐데.

4) **가:** 어렵게 최종 면접까지 갔는데 안타깝네요.

나: ______________________.

5) **가:** 지난번 휴가 때 차가 고장이 나서 큰 사고를 당할 뻔했다면서요?

나: ______________________.

17과 <2> 환경 문제와 자원

어휘

1. 알맞은 단어를 골라서 (   ) 안에 쓰십시오.

직면하다　고갈　이목　현안　터전

1) 기름 유출로 바다가 오염되어서 어부들은 생활의 (   )을/를 잃게 됐습니다.
2) 계속되는 가뭄으로 사람들은 식수마저 (   )이/가 될지도 모른다는 불안감에 사로잡혔다.
3) 오늘 열리는 두 나라의 축구 경기에 전 세계의 (   )이/가 집중되고 있다.
4) 지금처럼 인구가 계속 급증한다면 앞으로 세계는 식량 위기에 (   )을/ㄹ 것입니다.
5) 치솟는 물가와 계속 오르는 집값으로 인해서 물가 안정이 국정 (   )으로/로 떠올랐다.

문법 -는답시고/ㄴ답시고/답시고

1. 다음에서 알맞은 것을 골라서 보기 와 같이 문장을 완성하십시오.

큰아버지께서 이 불경기에 사업을 하다
대학생들이 자원봉사를 하다
동생이 잠자리를 잡다
반장이 1등을 했다
룸메이트가 철 지난 옷을 정리하다
반 친구가 멋있는 모습을 보여 주다

보기 대학생들이 자원봉사를 한답시고 지진 피해 현장에 가서 구경만 하다가 왔대요.

1) ________________ 이리저리 뛰어다니다가 넘어져서 다쳤어요.
2) ________________ 집을 담보로 은행에서 대출을 받았는데 빚만 지고 망했다.
3) ________________ 잘난 척하고 다니다가 선생님께 혼이 났다.
4) ________________ 오토바이를 타고 다니다가 사고를 당했다.
5) ________________ 방 안을 난장판으로 만들어서 지금 같이 정리하고 있어요.

2. 보기 와 같이 대화를 완성하십시오.

> 보기 **가:** 지난 정부가 기업 경쟁력을 높이기 위한 정책을 폈는데 효과를 봤나요?
> **나:** 아니요. 기업 경쟁력을 높인답시고 튼튼한 기업들만 편파적으로 지원해서 중소기업들이 문을 닫게 만들었어요.

1) **가:** 얼마 전에 TV가 못쓰게 됐다고 하더니 결국 새로 사셨군요.

나: ______________________ 부품을 다 뜯어 놓아서 완전히 못 쓰게 됐어요.

2) **가:** 하늘이가 영어 학원에 등록했다던데 공부 열심히 하고 있대?

나: ______________________ 학원에 등록해 놓고 아침에 늦게 일어나서 한 번밖에 못 갔대.

3) **가:** 요즘 미선 씨 안색이 안 좋아 보여요.

나: ______________________ 밥을 계속 굶어서 영양실조에 걸렸대요.

4) **가:** 민철이는 얼마 전까지 사업이 잘된다고 하더니 갑자기 형편이 좀 어려워진 것 같지?

나: ______________________.

5) **가:** 전에 있던 도자기가 안 보이네요.

나: ______________________.

18과 <1> 한국 문학의 이해

어휘

1. 알맞은 단어를 골라서 ( ) 안에 쓰십시오.

갈래	본질	심혈	집필
통시적	거창하다	시달리다	

1) 항공 우주 연구소는 무인 항공기 개발에 (   )을/를 기울이고 있다.
2) 희곡은 무대 상연을 목적으로 하는 문학의 한 (   )입니다.
3) 요즘 기업 회장들이 의뢰한 자서전을 (   )하는 작가들이 많다고 한다.
4) 총무부에서 제안한 사업 계획은 너무 (   )어서/아서/여서 실현 가능성이 없어 보인다.
5) 나는 신도시로 이사한 이후 아침저녁으로 교통지옥에 (   )고 있다.

문법 **하게체**

1. 보기 와 같이 문장을 바꾸십시오.

보기 퇴직 후에 고향에 내려와 사니까 여유롭고 좋다.
→ 퇴직 후에 고향에 내려와 사니까 여유롭고 좋네.

1) 자식들 공부시키고 결혼시키느라고 모아 둔 재산이 없다.
→ ________________________.

2) 네 딸 결혼식 준비는 누가 하고 있니?
→ ________________________.

3) 네가 갑자기 수술을 받았다는 소식을 듣고 많이 걱정했다.
→ ________________________.

4) 남의 험담하기를 좋아하는 사람들의 말은 무시해라.
→ ________________________.

5) 날씨가 좀 풀리면 우리 부서 사람들끼리 등산이라도 가자.
→ ________________________.

2. **다음에서 알맞은 것을 골라서 보기 와 같이 대화를 완성하십시오.**

오랜만이다	꼭 연락하다
그동안 잘 지내다	사실 좀 놀라다
바쁘게 지내고 있다	밥이나 먹으러 가다

교수: 보기 오랜만이네. **1)** ____________________?

제자: 걱정해 주신 덕분에 잘 지냈습니다. 교수님은 그동안 어떻게 지내셨습니까?

교수: 나는 예전이나 지금이나 학생들 가르치고 연구도 하면서 **2)** ____________________.

제자: 회사 생활에 적응하느라고 마음의 여유가 없어서 이제야 찾아뵙게 됐습니다.

교수: 그래. 난 자네가 계속 공부를 할 줄 알았는데 취직을 했다고 해서 **3)** ____________________.

제자: 저도 계속 공부하고 싶은 마음도 있었지만 대학을 졸업하고도 부모님께 뒷바라지 해 달라고 하기가 죄송했습니다. 그래서 몇 년 일하면서 돈을 좀 모은 후에 공부를 계속 할까 하는 마음도 있습니다.

교수: 자네 같은 인재가 학교로 돌아온다면 언제든지 환영이니까 공부하기로 결심이 서면 **4)** ____________________.

제자: 네, 감사합니다. 꼭 연락드리겠습니다.

교수: 자, 그럼 점심시간도 다 됐는데 식사 안 했으면 우리 **5)** ____________________.

18과 <2> 한국 미술의 이해

어휘

1. 알맞은 단어를 골라서 (　　) 안에 쓰십시오.

지평　　도회적　　예리하다　　소탈하다
섬세하다　　익살스럽다

1) 희극 배우의 (　　　　　)는/은/ㄴ 연기에 관객들은 모두 폭소를 터뜨렸다.
2) 면도날처럼 (　　　　　)는/은/ㄴ 칼로 벤 상처는 비교적 빨리 낫는대요.
3) 신사임당의 그림에는 여성 특유의 (　　　　　)는/은/ㄴ 필치가 보입니다.
4) (　　　　　) 삶에 익숙했던 나는 자연의 신비에 넋을 빼앗겼어요.
5) 저희 방송사에서는 한국 방송의 새 (　　　　　)을/를 열어 갈 최고의 경력 기자를 모십니다.

문법 -는다는/ㄴ다는/다는 듯이

1. 보기 와 같이 문장을 바꾸십시오.

보기 사장님은 노조 측의 입장을 충분히 이해하다 / 고개를 끄덕였다.
→ 사장님은 노조 측의 입장을 충분히 이해한다는 듯이 고개를 끄덕였다.

1) 동생이 짜증나다 / 인상을 찌푸리더니 아무 말도 안 하고 나가 버렸다.
→ ______________________________.
2) 아내는 내 말을 못 믿겠다 / 신용 카드 명세서를 다시 확인했어요.
→ ______________________________.
3) 아이가 먹고 싶다 / 나를 쳐다보길래 남은 과자를 다 아이에게 줬어요.
→ ______________________________.
4) 학생들이 이해가 안 되다 / 고개를 갸웃거렸어요.
→ ______________________________.
5) 큰 일이 생겨도 별일이 아니다 / 어머니는 대범하게 행동하신다.
→ ______________________________.

2. 보기 와 같이 대화를 완성하십시오.

> 보기 가: 영수가 여자 친구랑 헤어졌다고 들었는데 잘 지낸대?
> 나: 어제도 봤는데 아무 일도 없다는 듯이 행동하니까 더 걱정이 돼요.

1) 가: 우리 부장님은 하루 종일 썰렁한 농담만 하시니까 짜증이 나.

나: 그래도 사회생활을 잘하려면 ______________________.

2) 가: 고양이가 안 보이는데 어디 갔어?

나: ______________________ 하루 종일 꼼짝도 안 하고 방에 누워만 있어요.

3) 가: 요즘 리나 씨 수업 태도가 어때요? 지난 학기보다 나아졌어요?

나: ______________________ 수업 시간 내내 하품만 계속 하고 있어요.

4) 가: 김 과장님 어디 가셨어요? 뭐 여쭤 볼게 있는데 자리에 안 계시네요.

나: ______________________.

5) 가: 박 대리가 이번에는 꼭 거래처랑 좋은 조건으로 계약을 성사시켜야 할텐데요.

나: ______________________.

19과 <1> 세계 속의 기업

어휘

1. 알맞은 단어를 골라서 (　　) 안에 쓰십시오.

구태의연하다　　유치하다　　자국민　　절세
그나저나　　다국적 기업

1) 시대가 바뀌었는데도 옛날 방식을 고수하는 (　　　　　　)는/은/ㄴ 사고방식으로는 발전할 수 없습니다.
2) 각 시군구에서는 자동차세를 미리 납부하면 10%의 (　　　　　　) 혜택을 준다.
3) 정부는 다음 번 올림픽을 (　　　　　　)으려고/려고 몇 년 동안 힘을 쏟고 있어요.
4) 대사관의 역할 중 하나는 해외의 (　　　　　　)을/를 보호하는 것입니다.
5) 한국에는 각국에 본사를 둔 (　　　　　　)이/가 대거 진출해 있다.

문법 **-는/은/ㄴ 듯싶다**

1. 보기 와 같이 문장을 쓰십시오.

보기 한국 영화의 인기가 높아진 이유는 유명 감독들이 좋은 작품을 많이 찍었기 때문이다.
→ 한국 영화의 인기가 높아진 이유는 유명 감독들이 좋은 작품을 많이 찍었기 때문인 듯싶다.

1) 선거에서 투표율이 낮은 걸 보면 정치에 대한 국민들의 불신이 깊습니다.
→ ______________________________.

2) 매일 하루도 빠지지 않고 체육관에 나와서 연습을 한 것이 김 선수의 성공 비결입니다.
→ ______________________________.

3) 최근 들어서 결혼이 가지는 사회적 의미가 크게 달라졌어요.
→ ______________________________.

4) 김수영의 소설은 우리 이웃과 같이 평범한 사람들의 모습을 자세히 담아 냈다.
→ ______________________________.

5) 과학과 매체의 발달로 자고 일어나면 세상이 바뀌는 시대가 되었다.
→ ______________________________.

2. 다음에서 알맞은 것을 골라서 보기 와 같이 대화를 완성하십시오.

지구 온난화의 영향이다	골프가 대중화되다
진보 정당 후보가 당선되다	화해를 안 하다
상태가 많이 호전되다	충격이 크다

보기 **가**: 올해 겨울은 별로 안 춥네요.
나: 아무래도 지구 온난화의 영향인 듯싶어요.

1) **가**: 대통령 선거에서 누가 당선될까요?
나: 진보 쪽의 지지율이 높으니까 ______________________.

2) **가**: 두 사람 분위기가 왜 저래요?
나: 지난번 회의 때 크게 말다툼을 하더니 아직도 ______________________.

3) **가**: 요즘 영수 씨가 부쩍 우울해 보여요.
나: 승진 시험에 떨어진 ______________________.

4) **가**: 주변에 골프를 치는 사람이 많아졌어요.
나: ______________________.

5) **가**: 교수님 병문안은 잘 다녀왔어요?
나: ______________________.

19과 <2> 무역 협정과 세계

어휘

1. 알맞은 단어를 골라서 (　　) 안에 쓰십시오.

부과	장치	상호	분쟁	규약	추후

1) 교통 법규를 어긴 사람에게는 벌금이 (　　　　　　)된다.
2) 정부 대변인은 지금 당장 대답하기 어려운 문제라며 (　　　　　　) 정부의 입장을 정리해서 발표하겠다고 했습니다.
3) 두 나라 간 영토 (　　　　　　)은/는 쉽게 해결될 기미가 보이지 않는다.
4) 유기 동물들을 국가 차원에서 보호할 수 있는 (　　　　　　)을/를 마련해야 해요.
5) 김 감독은 소속 팀과의 (　　　　　　) 합의하에 사퇴하겠다는 의사를 밝혔다.

문법 **-은/ㄴ 이래**

1. 보기 와 같이 문장을 쓰십시오.

보기 축구 팀이 창단되었다 / 처음 우승컵을 든 선수들이 기쁨의 눈물을 흘렸다.
→ 축구 팀이 창단된 이래 처음 우승컵을 든 선수들이 기쁨의 눈물을 흘렸다.

1) 뮤지컬 '아리아'는 1990년 미국에서 처음 공연했다 / 전 세계 41개국을 돌며 관객들에게 깊은 감동을 주고 있습니다.
→ ______________________________.
2) 양배추로 만든 소화제가 출시됐다 / 이를 모방한 다양한 제품이 쏟아져 나왔어요.
→ ______________________________.
3) 한국어학당은 1959년에 설립됐다 / 현재 세계 각지에서 온 10만여 명의 졸업생을 배출했습니다.
→ ______________________________.
4) 김영수 씨가 사장으로 취임했다 / 회사의 영업 이익이 크게 올랐다.
→ ______________________________.
5) 얼굴 없는 천사가 3년 전 처음으로 3천만 원을 기부했다 / 해마다 불우 이웃 돕기 성금을 보내고 있다.
→ ______________________________.

2. 보기 와 같이 대화를 완성하십시오.

회사가 생기다	올림픽에 처음 출전하다
대통령으로 당선되다	3년 전 무역 협상이 결렬되다
한국에서 아파트가 지어지다	야구 국가 대표 팀은 2015년에 우승을 차지하다

보기 **가:** 요즘 회사가 안팎으로 많이 시끄럽다고 그러던데요.
나: 회사가 생긴 이래 최악의 위기 상황이에요.

1) **가:** 요즘 서울의 아파트 가격이 천정부지로 치솟고 있어요.
나: ______________________ 올해 가장 높은 상승률을 기록했대요.

2) **가:** 남자 체조 국가 대표 팀이 이번에도 단체전 출전권을 획득했다면서요?
나: 네, 1992년 바르셀로나 ______________________ 8회 연속 획득이래요.

3) **가:** ______________________ 지금까지 우승을 놓치지 않고 있어요.
나: 정말 대단하네요. 열심히 노력했던 결과겠죠?

4) **가:** 이번 설문 조사 결과 대통령의 지지율이 크게 올랐대요.
나: ______________________.

5) **가:** 두 나라의 무역 갈등은 언제부터였습니까?
나: ______________________.

20과 <1> 첨단 과학과 생활

어휘

1. 알맞은 단어를 골라서 (　　) 안에 쓰십시오.

탐사　　기지　　열을 올리다　　도래하다
행성　　발상　　기발하다

1) 얼마 전 한국의 과학자들이 생명체가 살 가능성이 높은 (　　　　　　)을/를 발견했다고 합니다.
2) 해양 연구소는 수중 (　　　　　　) 로봇을 이용해서 남해의 생태를 살펴보기로 했다.
3) 수능이 한 달 앞으로 다가오자 수험생들은 공부에 더욱더 (　　　　　　)었다/았다/였다.
4) 세계화 시대가 (　　　　　　)는/은/ㄴ 만큼 이제 외국어 하나쯤은 구사할 수 있어야 한다고 생각해.
5) 권위를 내세워서 자신의 주장을 관철시키려는 것은 시대착오적인 (　　　　　　)입니다.

문법 **-는다고/ㄴ다고/다고 치다**

1. 다음을 연결하고 보기와 같이 쓰십시오.

보기	정부가 내놓은 정책이 단기간에는 효과를 볼 수 있다	그렇지만 막대한 예산이 투입되는 문제에 대해서는 어떻게 생각합니까?
1)	미래에 인공 지능이 인간보다 더 정확하게 일을 처리하다	그래도 언제까지 지지를 받을지는 두고 볼 일이죠.
2)	유조선에서 유출된 기름을 빠른 시일 내에 걷어 내다	하지만 사이버 범죄 발생 및 개인 정보 유출 등의 문제점들이 기하급수적으로 늘고 있다.
3)	제주도에 가는 교통편은 어떻게든 구하다	그렇다고 해도 인간만이 할 수 있는 섬세한 작업들은 해 내기 어려울 거라고 봅니다.
4)	전자 거래가 우리 생활을 편리하게 해 줬다	그래도 오염된 바다가 정화될 때까지는 오랜 시간이 걸릴 것이다.
5)	김 장관은 언변이 뛰어나서 민심을 금방 사로잡다	그렇지만 성수기에 숙소를 구하기 어려울 것 같아요.

보기 정부가 내놓은 정책이 단기간에는 효과를 볼 수 있다고 치지만 막대한 예산이 투입되는 문제에 대해서는 어떻게 생각합니까?

1) ______________________________.
2) ______________________________.
3) ______________________________.
4) ______________________________.
5) ______________________________.

2. 보기 와 같이 대화를 완성하십시오.

> 보기 **가:** 조만간 지사 설립 계획에 대해서 사장님의 발표가 있을 거라면서요?
> **나:** 네. 그런데 지사를 설립한다고 쳐도 그런 오지에서 일하겠다고 할 직원이 있을지가 의문이네요.

1) **가:** 박 교수님은 조기 해외 유학에 대해서 어떻게 생각하십니까?

나: ______________________ 어렸을 때부터 가족과 떨어져서 지내야 하는 점에 대해서도 생각해 봐야 할 것 같습니다.

2) **가:** 정부가 불황을 타개하기 위해서 돈을 푼대요.

나: 그건 좋은 생각 같지는 않아요. ______________________읍시다/ㅂ시다. 그렇지만 유지가 힘들고 더 큰 경기 침체를 불러일으킬지도 몰라요.

3) **가:** 직원이 실수를 했을 때는 어떻게 해야 할까요?

나: ______________________읍시다/ㅂ시다. 그런데 똑같은 실수를 반복하면 그때는 엄격하게 타일러야 한다고 봅니다.

4) **가:** 부동산 시세가 폭등하기 전에 집을 장만한다더니 포기한거야?

나: ______________________.

5) **가:** 명수는 유명 호텔에서 일한 제빵사니 만큼 빵집을 차리면 대박이 나겠지?

나: ______________________.

어휘

1. 알맞은 단어를 골라서 (   ) 안에 쓰십시오.

비약적 융합 실용화 시행착오 독자적

1) 과학과 의학의 발달로 인류의 삶은 (   )으로/로 향상되었다.
2) 무슨 일이든지 처음 하면 (   )을/를 겪게 마련이에요.
3) 나노 과학 기술은 여러 학문 간의 결합으로 만들어진 (   ) 과학으로 탄생되었다.
4) 전기 자동차나 수소 자동차를 (   )한다면 대기 오염을 줄일 수 있어요.
5) 중소기업 중에는 (   )인 기술로 국내보다 해외에서 더 인정받는 회사들이 있습니다.

문법 -을/ㄹ 법하다

1. 보기 와 같이 문장을 만드십시오.

보기 시험에 다섯 번이나 떨어졌으면 포기하다 / 계속하겠다니 대단해요.
→ 시험에 다섯 번이나 떨어졌으면 포기할 법한데 계속하겠다니 대단해요.

1) 팀원들이 모두 나서서 설명했으면 이해하다 / 부장님은 여전히 못 알아들은 눈치예요.
→ ______________________________.
2) 작년 실적으로 봐서는 김 대리가 승진되다 / 이번 인사에서도 밀렸다더라.
→ ______________________________.
3) 약을 일주일이나 먹었으니 낫다 / 전혀 차도가 없다.
→ ______________________________.
4) 많은 청중들 앞에서 연주를 하면 떨리다 / 정희는 어린 나이에 의외로 침착하게 잘하던데요.
→ ______________________________.
5) 영수 씨는 회의 때마다 늦으면 당황하다 / 매번 소란스럽게 들어와 자리에 앉더군요.
→ ______________________________.

2. 보기 와 같이 대화를 완성하십시오.

보기 **가:** 김소희 씨는 음반 판매량에서도 1위를 차지했는데 이번에는 영화에도 출연한대.
나: 가수로 성공했으니 만족할 법도 한데 영화까지 출연하는 걸 보면 참 욕심이 많은가 봐.

1) **가:** 유명한 배우들이 출연한 영화인데도 불구하고 관객들의 반응이 안 좋네요.
나: ______________________________ 관객의 발길이 뜸하네요.

2) **가:** 부장님이 해외 출장을 갔다가 어제 늦게 도착하셨다고 들었는데 벌써 출근하셨네요.
나: 그러게요. ______________________________ 원체 부지런하시잖아요.

3) **가:** 저는 하루에 4시간씩 운동을 해도 살이 안 빠져요.
나: ______________________________.

4) **가:** 경기가 안 좋아서 그런지 세일을 70%나 하는데도 여전히 손님이 뜸하네요.
나: ______________________________.

5) **가:** 최종 합격자 명단에 미선 씨 이름이 없었다면서요?
나: ______________________________.

모범 답안(교재)

11-1 세계의 유산

어휘1

① 자연 유산 ② 등재 ③ 독창성과 ④ 진정성이

어휘2

① 되살리 ② 되돌아오면서 ③ 되찾습니다
④ 되돌아보 ⑤ 되물으면서

문법

1) 영수: 청력이 안 좋대요. 이어폰 사용을 줄이래요.
어머니: 청력이 안 좋대? 공부할 때나 밖에서 걸어 다닐 때나 항상 이어폰을 끼고 볼륨을 높여서 음악을 듣더라니.

2) 영수: 이 사이가 벌어져 있고 충치가 3개나 있대요. 그래서 이 사이에 음식물이 끼지 않도록 음식을 먹은 후에는 꼭 치실을 사용하래요.
어머니: 충치가 있대? 하긴, 단 음식을 즐겨 먹고 매일 탄산 음료를 물처럼 마시더라니.

3) 영수: 척추 뼈가 좀 휘었대요. 스트레칭을 열심히 하고 평소에 바른 자세로 앉아야 한대요.
어머니: 척추 뼈가? 책상에서 공부할 때나 소파에 앉아서 TV를 볼 때 항상 자세가 안 좋더라니.

4) 영수: 심각한 과체중이래요. 식사량을 줄이고 야식도 끊어야 한대요.
어머니: 과체중이라고? 한 끼에 너무 많이 먹고 거의 매일 밤 야식을 하더라니.

5) 영수: 발 모양이 약간 변형되었대요. 볼이 넓은 신발을 신어야 한대요.
어머니: 변형까지? 스타일이 중요하다면서 매일 불편해 보이는 신발을 신고 다니더라니.

연습해 봅시다

1) 가: 인도의 정신 수양법인 요가가 세계 인류 무형 문화유산으로 등재되었어요. 신체적, 정신적, 영적 건강을 이루도록 도울 뿐만 아니라 인도 사회에 잠재되어 있는 자아를 찾는 과정이자 탐험의 과정임을 인정받은 것이지요.
나: 요가가 그렇게 탁월한 가치가 있는 것이었군요. 하긴 세계 어디를 가도 요가를 하는 사람이 있더라니.
유명 가수 이해리도 제주도에 살면서 새벽마다 요가를 하고 나서 신체적 건강도 얻고 자기 성찰을 통해 정신적 건강도 얻었다고 하더라고요.

2) 가: 뉴질랜드의 통가리로 공원이 아름다운 자연환경과 마오리족의 문화가 잘 어우러져 유네스코 세계 복합 유산으로 등재되었어요. 자연환경과 문화의 어우러짐과 함께 공원 한가운데 있는 산들이 마오리 공동체와 환경 사이의 정신적 연계성을 상징하고 있다는 점도 인정받은 것이지요.
나: 영화 반지의 제왕, 엑스맨, 나니아 연대기, 호빗의 촬영지로도 유명하대요. 어쩐지 영화를 볼 때 지구상의 풍경이라고 믿기 어려울 만큼 광활하고 신비롭더라니. TV로 보면 왠지 영화의 그 감동이 덜 느껴지더라고요.

11-2 전통의 재창조

어휘1

① 전통문화를 ② 문화 한국 ③ 대중화
④ 저변 확대를 ⑤ 활성화

어휘2

① 기웃거리는 ② 서성거리는 ③ 힐끔거리면서
④ 투덜거린다 ⑤ 중얼거리며

문법

1) 가: 결혼과 임신, 출산으로 인해 일을 그만두었다가 재취업을 하고자 하는 여성들을 위해서 어떤 계획을 가지고 있습니까?
나: 시간 선택제, 재택 근무제 등 유연 근무제를 실시함으로써 재취업의 길을 열어 주고자 합니다.

2) 가: 이성을 만날 기회가 없어서 짝을 찾지 못했던 젊은이들을 위한 계획도 있습니까?
나: 네, 시청 구내 카페에서 미혼 남녀의 만남을 위한 행사를 엶으로써 자신에게 맞는 상대를 찾을 수 있는 기회를 줄 예정입니다.

3) 가: 비용 부담 때문에 취미 활동이나 여가 활동을 즐기지 못했던 주민들을 위해서는 어떤 계획이 있는지요?
나: 주민 센터와 복지관, 시니어 센터에 다양한 프로그램과 학습 공간을 확보함으로써 비용 부담 없이 취미 활동이나 여가 생활을 즐길 수 있도록 하겠습니다.

4) 가: 은퇴 후에도 안정적인 생활을 하기 위해서 경제 활동을 하고 싶어 하는 노인들을 위한 계획도 있습니까?
나: 네, 노인이 바리스타로 일하는 카페를 공공 기관에 설치하고 건강한 노인이 몸이 불편한 노인을 돌보는 일자리를 만듦으로써 노인도 경제 활동이 가능하도록 할 계획입니다.

5) 가: 주택 마련이 부담스러워서 결혼을 미루고 있는 젊은이들이 많은데요, 이들을 위한 계획이 있습니까?
나: 네, 민간 기업이 건설하는 원룸을 사들임으로써 신혼부부 맞춤형 공공 원룸으로 공급하고자 합니다.

연습해 봅시다

1) 가: 한식당 '라연'이 <미슐랭 가이드 서울>에서 3년간 3스타를 받음으로써 최고의 식당임을 인정받았대요.
나: 저도 가 봤는데요. 뭔가 익숙한 전통 재료인데 먹어 본 적이 없는 새로운 맛이 일품이었어요. 옆 테이블의 음식도 처음 보는 것이라서 자꾸 힐끔거리게 되더라고요.
가: 한국 전통 식자재와 요리법을 현대식으로 재해석함으로써 세련되고 참신하게 메뉴를 구성한 것을 인정받은 거라고 해요.

2) 가: 한국의 전통 문양을 넣어서 만든 전등갓과 스탠드가 인기래요. 전통 문양의 아름다움에다가 최첨단의 소재와 기술을 결합함으로써 새롭고 독특한 상품을 만들어 낸 것이지요.
나: 네, 전통 문양은 아무리 단순한 무늬라도 그 속에 우주의 섭리가 담겨 있어요. 물론 자연의 아름다움도요. 자연 친화적이고 지속 가능한 디자인임과 동시에 전통적인 미적 가치와 생활 양식을 반영한 것이라고 하더라고요.

◆ 복습

1. ① 세계 유산 보호 협약을　② 세계 유산
③ 세계 기록 유산으로　④ 등재
⑤ 독창성과　⑥ 진정성이
⑦ 되살아나는

2. ① 풀어 냄으로써　② 연발하더라니

12-1 한국의 기후

☆ 어휘1

1) 하지　2) 장마가　3) 미세 먼지
4) 폭설이　5) 삼한사온이

☆ 어휘2

① 수확량이　② 거래량이　③ 적설량　④ 보유량이

◆ 문법

1) 가: 저는 요즘 회사에 건의하고 싶은 것들이 많아요. 그중에서도 일 분담에 대해서 이야기를 좀 해 보고 싶습니다. 직원을 계속 뽑지 않은 까닭에 저는 회사에 다닌 지 3년이 됐는데도 신입 사원이 해야 할 일들을 아직도 맡아서 하고 있어요.
나: 정말 힘들겠네요. 이 문제에 대해서는 회사에 건의해 봐야 할 것 같아요.

2) 가: 저는 요즘 회사에 건의하고 싶은 게 있어요. 팀원 중 한 명이 휴직을 한 까닭에 부서 직원들에게 할당된 업무가 늘어 났어요. 그래서 직원들이 날마다 야근을 하는 상황이에요.
나: 이 문제는 정말 건의해야 한다고 봐요.

3) 가: 요즘 회사에 건의하고 싶은 게 있어요. 구내식당이 공사 중인 까닭에 직원들은 매일 점심 먹을 곳을 찾아다녀야 하고 점심값도 많이 들어요.
나: 맞아요. 정말 번거롭고 돈도 많이 들어요.

4) 가: 저는 요즘 회사에 건의하고 싶은 것들이 많아요. 그중에서도 인사 고과에 대해서 회사에 이야기를 좀 해 보고 싶습니다. 인사 고과 기준이 높아진 까닭에 열심히 일해도 예전에 비해서 좋은 점수를 받기가 어려워졌어요.
나: 맞아요. 저도 인사 고과에 대해서 꼭 건의해야 한다고 생각해요.

5) 가: 저는 요즘 회사에 건의하고 싶은 게 있어요. 회식이 잦은 까닭에 피로가 누적되어서 건강이 나빠졌어요.
나: 맞아요. 업무량도 많은데 회식까지 많으니 제대로 쉴 수가 없어요.

◆ 연습해 봅시다

1) 가: 이번 가을에 제주도 여행을 가려고 하는데 가을에 제주도 여행을 가 본 적이 있어요?
나: 네. 지난 가을에 제주도에 다녀왔어요. 제주도는 가을에 하늘이 청명하고 서울보다 기온이 높아서 여행하기에 최적의 날씨예요. 하지만 날씨가 좋은 만큼 관광객이 몰리는 까닭에 편의 시설을 이용하는 데 어려움이 있어요.

2) 가: 이번 봄에 제주도 여행을 가려고 하는데 봄에 제주도에 가 본 적이 있어요?
나: 네. 지난 봄에 제주도에 다녀왔어요. 봄에는 바람이 심하게 불 때가 많고 일교차가 심한 까닭에 옷을 다양하게 준비해 가야 해요. 하지만 전국에서 가장 먼저 유채꽃을 구경할 수 있는 장점도 있어요.

12-2 기후 변화

☆ 어휘1

① 혹한　② 폭설이　③ 홍수가　④ 가뭄으로

☆ 어휘2

① 예언이　② 예감이　③ 예방　④ 예보를

◆ 문법

1) 가: 며칠 전부터 이사할 집을 알아보고 있는데 제 마음에 딱 드는 집을 구하기가 참 힘드네요.
나: 어떤 집을 구하려고 하는데요?
가: 보안이 잘돼 있는 오피스텔을 계약하려니 집세가 너무 비싸서 감당이 안 될 것 같아요. 관리가 잘되고 보안 시설도 갖춰진 곳을 찾기가 어려워요.

2) 가: 며칠 전부터 이사할 집을 알아보고 있는데 제 마음에 딱 드는 집을 구하기가 참 힘드네요.
나: 어떤 집을 구하려고 하는데요?
가: 저는 복층 구조인 집에서 살고 싶어요. 그런데 복층 구조로 구하려니 계단이 마음에 걸려요. 보통 복층 집의 계단은 가팔라서 오르내릴 때 주의하지 않으면 다치기 쉬울 것 같아요.

3) 가: 급하게 이사할 집을 구하는 중인데 참 힘드네요.
나: 언제 이사할 건데요?
가: 2개월 안에 해야 해요. 2개월 안에 지금 살고 있는 집을 비워 주려니 새로 이사 갈 집을 제대로 고를 시간이 없을 것 같아요.

4) 가: 얼마 후에 이사를 해야 하는데 혼자서는 못할 것 같아서 걱정이에요.
나: 친한 친구에게 도와 달라고 부탁해 보는 건 어때요?
가: 친한 친구에게 도와 달라고 부탁하려니 선뜻 말이 잘 안 나와요. 요즘 그 친구가 중요한 시험을 앞두고 있어서 이사를 도와 달라고 하기가 좀 미안해요.

5) 가: 곧 이사를 해야 하는데 아는 이삿짐센터가 있으면 좀 소개해 주세요.
나: 비용은 얼마 정도를 생각하고 있어요?
가: 편하게 포장 이사를 하려니 비용이 많이 들 것 같아서 적당한 가격의 이삿짐센터를 찾고 있어요.

◆ 연습해 봅시다

1) 가: 기후 변화로 일기 예보에서 예측할 수 없는 폭우가 자주 내리면서 사람들이 크고 작은 피해를 입고 있어요. 엄청난 비의 양을 감당하려니 댐이나 제방이 버텨 내지를 못해서 무너질 위험도 크고요.
나: 맞아요. 만약 댐이나 제방이 무너진다면 이재민들도 발생하게 될 거예요.

2) 가: 기후 변화로 한파가 몰아닥치는 지역이 점점 늘고 있어요.

내려간 실내 온도를 높이려니 그만큼 화석 연료 사용이 증가해서 환경 오염이 더 심해지고 있어요.

나: 맞아요. 그리고 사람들의 활동에도 지장을 주고 있어요.

◆ 복습

1. ① 강수량은 ② 한랭 ③ 포근하 ④ 일교차가 ⑤ 건조 ⑥ 말미암아 ⑦ 예측 ⑧ 한파가 ⑨ 가뭄이

2. ① 는 까닭에 ② 해결하려니

13-1 현대 사회와 인간

☆ 어휘1

① 낙오자가 ② 삭막하 ③ 각박해 ④ 소외돼서 ⑤ 고립되어

☆ 어휘2

① 미달 ② 미비 ③ 미납 ④ 미숙

◆ 문법

1) 가: 회사 소속 배우들이 연달아 계약을 파기하고 다른 회사로 옮겨 간 탓에 회사 경영이 어려워서 문을 닫을 것이라는 소문이 돌고 있어요.

나: 저희 회사도 비슷한 상황이에요. 이 위기를 어떻게 극복해 나가야 할지 정말 난감하네요.

2) 가: 회사 임원들이 뇌물 수수 혐의로 줄줄이 검찰 조사를 받고 있는 탓에 연일 뉴스에 회사 이름이 오르내리고 있어요.

나: 저희 회사도 비슷한 상황이에요. 이 위기를 어떻게 극복해 나가야 할지 정말 난감하네요.

3) 가: 정부의 수입 규제가 풀리지 않은 탓에 새로 시작하려고 준비했던 사업이 결국 무산되었어요.

나: 저희 회사도 비슷한 상황이에요. 이 위기를 어떻게 극복해 나가야 할지 정말 난감하네요.

4) 가: 신제품을 개발한 지 얼마 지나지 않았는데 비슷한 제품들이 시장에 쏟아지고 있는 탓에 오랜 시간 심혈을 기울여서 만든 신제품의 경쟁력이 떨어졌어요.

나: 저희 회사도 비슷한 상황이에요. 이 위기를 어떻게 극복해 나가야 할지 정말 난감하네요.

5) 가: 사람들이 대부분의 물건을 인터넷으로 구입하는 탓에 사람들이 방문하지 않아서 매장의 물건이 팔리지 않고 있어요.

나: 저희 회사도 비슷한 상황이에요. 이 위기를 어떻게 극복해 나가야 할지 정말 난감하네요.

◆ 연습해 봅시다

1) 가: 요즘 노인 빈곤이 사회 문제가 되고 있어요. 평균 수명이 길어지고 노후 준비가 미흡한 탓에 노인들이 빈곤을 벗어나기 힘든 것 같아요.

나: 정부가 노인 일자리를 늘리고 연금 가입을 의무화해야 해결될 텐데요. 노인 빈곤 문제가 사회 분위기를 더 각박하게 하니만큼 정부가 발 벗고 나서 줬으면 좋겠어요.

2) 가: 요즘 빈부 격차가 사회 문제가 되고 있어요. 가정 환경에 따라서 교육을 받을 기회의 차이가 심하고 정보로부터 소외된 탓에 빈부의 격차가 더 심해지는 것 같아요.

나: 정부가 복지 사업을 늘리고 고소득자에게는 정당하게 세금을 내도록 독려해야 해결될 텐데요. 빈부 격차 문제가 사회 분위기를 더 각박하게 하니만큼 정부가 발 벗고 나서 줬으면 좋겠어요.

13-2 미래 사회의 모습

☆ 어휘1

① 번성 ② 심화 ③ 분열 ④ 붕괴 ⑤ 비극을

☆ 어휘2

① 정화 ② 퇴화 ③ 순화 ④ 교화

◆ 문법

1) 가: 인터넷 실명제를 반대하는 이유가 무엇입니까?

나: 인터넷 실명제를 실시하면 표현의 자유가 위축될 뿐만 아니라 개인 정보가 유출될 가능성이 없을 수 없기 때문입니다.

2) 가: 안락사를 반대하는 이유가 무엇입니까?

나: 의사의 판단에 실수가 있을 수 있으며 의사의 판단으로 내려진 결정이어도 살인이 아니라고 할 수 없기 때문입니다.

3) 가: 동물 실험을 반대하는 이유가 무엇입니까?

나: 동물과 인간이 공유하는 병이 매우 적어서 효과적이지 않은데다가 실험 과정이 비윤리적이지 않을 수 없기 때문입니다.

4) 가: 기여 입학제를 반대하는 이유가 무엇입니까?

나: 학위가 거래 대상이 될 것이며 부모의 경제력에 의해서 아이의 학력이 결정될 가능성이 없지는 않기 때문입니다.

5) 가: 소년법 폐지를 반대하는 이유가 무엇입니까?

나: 아이들은 아직 미성숙하기 때문에 성인과는 다른 기준을 마련해서 교화하지 않으면 안 되기 때문입니다.

◆ 연습해 봅시다

1) 가: 과학 기술은 나날이 진화하는 것 같아요. 얼마 전까지는 상상도 하기 어려웠던 일들이 우리 눈앞에 펼쳐져서 이제는 생활을 바꾸고 있어요.

나: 네, 뉴스를 보니까 앞으로 무인 비행기가 물건을 배달하고 무인 비행 택시와 자율 주행 택시도 등장할 거래요. 이런 과학 기술의 발전이 미래의 생활을 더 편리하게 해 줄 거라는 것은 인정하지 않을 수 없어요.

2) 가: 과학 기술은 나날이 진화하는 것 같아요. 얼마 전까지는 상상도 하기 어려웠던 일들이 우리 눈앞에 펼쳐져서 이제는 생활을 바꾸고 있어요.

나: 네, 뉴스를 보니까 매장에 들어가서 물건을 바로 들고 나오기만 하면 결제가 되는 곳이 많아질 거래요. 이런 과학 기술의 발전이 미래의 생활을 더 편리하게 해 줄 거라는 것은 인정하지 않을 수 없어요.

◆ 복습

1. ① 빈번하 ② 근시안 ③ 미흡 ④ 멸종

⑤ 번성 ⑥ 붕괴로 ⑦ 암울할 ⑧ 미비
⑨ 비일비재하

2. ① 앞선 탓에 ② 크지 않을 수 없

14-1 한국의 전통 윤리

어휘1

① 상실 ② 확립 ③ 생명 존중 사상 ④ 경시
⑤ 존엄성을

어휘2

① 강제력을 ② 통찰력이 ③ 지구력이 ④ 원동력이

문법

1) 가: 진통제를 먹고 좋아졌어요?
나: 진통제를 먹으면 통증이 사라지겠거니 했는데 팔 통증도 여전하고 두 목이 당겨서 한의원에 갔어요.

2) 가: 한의원에 가서 나았어요?
나: 한의원에 가서 침을 맞으면 괜찮겠거니 했는데 상태가 좋아지지 않아서 정형외과에 갔어요.

3) 가: 정형외과에 가서 좋아졌어요?
나: 정형외과에 가서 물리 치료를 받으면 통증이 없어지겠거니 했는데 통증이 계속되었어요. 의사 선생님이 대학 병원에 가서 정밀 검사를 받아 보라고 했어요.

4) 가: 대학 병원에 가서 정밀 검사를 받았어요? 대학 병원에서는 수술하라고 하지 않아요?
나: 네, 대학 병원에 가서 정밀 검사를 받고 나면 수술을 받으라고 하겠거니 했는데 수술을 하지 않고 새로 개발된 신약으로 주사 치료를 하라고 했어요.

5) 가: 주사 치료를 하니까 어땠어요? 통증이 없어졌어요?
나: 치료 사례가 별로 없어서 치료 효과가 크지 않겠거니 했는데 이제 통증이 거의 없어요. 한 달 후에 병원에 가서 재검사를 받기로 했어요.

연습해 봅시다

1) 가: 한국의 효 정신은 집안에서 부모님을 공경하는 태도에만 담긴 것이겠거니 했는데 밖에 나가서 웃어른을 공경하는 태도에도 담겼네요. 기본적으로 사람의 도리인 어른 공경이 효 정신에서 비롯되는 것이었군요.
나: 네, 효 정신은 가족 윤리에서 곧 경로사상을 바탕으로 하는 사회 윤리가 되었다고 해요. 그래서 요즘에 이르러서도 버스나 지하철에서 어른께 자리를 양보하지 않는 젊은이가 있으면 주위의 사람들이 모두 눈총을 주는 것이지요.

2) 가: 홍익인간이라고 하면 어떤 특성을 가진 인간을 의미하는 것이겠거니 했는데 널리 인간을 이롭게 한다는 의미였네요.
나: 네, 홍익인간 사상은 인간을 최고의 가치를 지닌 존재로서 존중하는 데 의미가 있다고 해요. 하늘의 아들인 환웅이 땅위의 인간들을 이롭게 하기 위해서 땅으로 내려왔다는 단군 신화의 바탕이 되는 사상이지요.

14-2 현대인의 가치관

어휘1

① 지표를 ② 소신을 ③ 거침없이 ④ 공감하며
⑤ 비정기적인

어휘2

① 떠밀어서 ② 떠안 ③ 떠돌아다녔어 ④ 떠내려갈
⑤ 떠도는

문법

1) 가: 집 지을 땅도 구입해야 하고 집 설계도 해야 하고 돈이 많이 들 텐데. 공사 비용을 줄이려면 자재를 좀 싼 걸 쓰면 될 거야.
나: 아니야. 싼 자재를 써서 지을 바에야 번거롭더라도 발품을 팔아서 직접 자재를 구입해야겠다. 그럼 같은 가격에 품질 좋은 자재를 쓸 수 있겠지.

2) 가: 집 지을 땅은 구했어? 교통이 좋은 곳에 지으려면 지금 사는 전셋집보다 작은 집밖에 못 지을 거야.
나: 지금 살고 있는 집보다 작은 집에서 살 바에야 교통이 좀 불편하더라도 땅값이 싼 교외에서 여유 있는 공간에서 살 거야.

3) 가: 교외의 전원주택도 좋지. 그런데 꽃과 나무가 있는 앞마당을 만들려면 꽤 많은 추가 비용을 들여야 할 거야.
나: 그래? 앞마당을 만드는 데 돈을 들일 바에야 집 안에 예쁜 화분 몇 개 들여놓고 살 거야. 추가 비용을 감당할 돈이 어디 있어?

4) 가: 돈을 아껴야 하는구나. 그런데 단독 주택은 건축비의 10% 이상이 설계비로 나가는데 괜찮겠어?
나: 설계비를 그렇게 많이 낼 바에야 시간은 걸리겠지만 자료를 찾아보면서 내가 직접 설계하는 게 낫겠다.

5) 가: 그럼 그동안 아파트에 산다고 부모님이 대신 키우고 있는 반려견을 다시 찾아올 거야?
나: 아니, 부모님 댁에서 사랑받으면서 잘 적응하고 있는데, 뭐. 실내에서 사는 반려견을 다시 데려올 바에야 마당에서 키울 수 있는 큰 반려견을 입양하는 게 낫지.

연습해 봅시다

1) 가: 저는 일 때문에 주중에는 거의 12시가 되어야 집에 들어가요. 아침에는 아이들이 깨기 전에 집에서 나오고요.
나: 저도 예전에 그랬어요. 부모님께서 젊었을 때의 고생은 사서도 하는 거라고 하셔서요. 그런데 사는 게 너무 재미없었어요.
가: 그래서 어떻게 했어요?
나: 그래서 평생 내 곁에 있어 줄 가족을 포기하는 삶을 살 바에야 돈을 좀 덜 벌더라도 일과 삶의 균형을 유지하면서 사는 게 낫다는 생각이 들었어요. 평일에 정시에 퇴근해서 쉬고 가족과 함께 시간을 함께 보내는 게 제대로 된 삶인 것 같다고 부모님께 말씀드렸어요. 아이들이 제일 좋아했어요. 그리고 지금은 부모님도 현재의 행복을 추구하는 제 가치관을 인정해 주시고 공감해 주세요.

2) 가: 저는 주말마다 어른들이 주선하는 소개팅이나 맞선을 보느라고 주말을 제대로 보낸 적이 없어요. 주중 저녁에는 한두 번씩 더 만나서 식사하고 또 헤어지고.

나: 저도 예전에 그런 적이 있어요. 부모님께서 결혼을 해야 인생이 안정된다면서 결혼부터 해야 한다고 하셔서요. 그런데 낯선 이성을 만나서 매번 같은 이야기를 하는 게 너무 지루했어요.

가: 그래서 어떻게 했어요?

나: 그래서 확실하지 않은 결혼 생활을 위해서 나의 휴일 시간들을 포기한 삶을 살 바에야 결혼을 미루더라도 청춘을 나만의 시간들로 채우는 게 낫다는 생각이 들었어요. 평일에 정시에 퇴근해서 그림도 그리고 운동도 하고 주말에는 훌쩍 여행도 떠날 수 있는 삶이 제대로 된 삶인 것 같다고 부모님께 말씀드렸어요. 지금은 부모님도 현재의 행복을 추구하는 제 가치관을 인정해 주시고 공감해 주세요.

◆ 복습

1. ① 경천애인이란 ② 공경 ③ 인본주의
④ 경시 ⑤ 상실 ⑥ 황금만능주의
⑦ 거침없이 ⑧ 소신을 ⑨ 주체적으로
⑩ 고스란히

2. ① 포기했겠거니 했는데 ② 미련을 못 버릴 바에야

15-1 창조와 예술

☆ 어휘1

① 강렬하 ② 간결한 ③ 감미로워서
④ 단조로웠지만 ⑤ 황홀했다

☆ 어휘2

① 해고 ② 해임 ③ 해결 ④ 해이

◆ 문법

1) 가: 이번 토론회에 누구를 모시는 게 좋겠습니까?
나: 보건복지부 장관이자 정신과 의사인 하종수 씨를 모십시다. 하종수 씨는 보건복지부의 입장을 시민들에게 전달하고 의사로서의 전문성을 가지고 현 사안에 찬성하고 있기 때문에 토론자로 적격이라고 봅니다.

2) 가: 이번 토론회에 누구를 모시는 게 좋겠습니까?
나: 문화체육부 장관이자 심리학자인 민주현 씨를 모십시다. 민주현 씨는 문화체육부의 입장을 대변하고 심리학자로서 현 사안을 바라보는 시각을 보여 주고 있기 때문에 토론자로 적격이라고 봅니다.

3) 가: 이번 토론회에 누구를 모시는 게 좋겠습니까?
나: 학부모 단체 대표이자 시민 운동가인 김주민 씨를 모십시다. 김주민 씨는 학부모와 시민의 입장에서 찬성의 입장을 전달할 수 있기 때문에 토론자로 적격이라고 봅니다.

4) 가: 이번 토론회에 누구를 모시는 게 좋겠습니까?
나: 게임 회사 대표이자 프로게이머인 나영수 씨를 모십시다. 나영수 씨는 게임 업계 종사자로서 반대의 입장을 보이고 있기 때문에 토론자로 적격이라고 봅니다.

5) 가: 이번 토론회에 누구를 모시는 게 좋겠습니까?
나: 변호사이자 전직 기자인 지하영 씨를 모십시다. 지하영 씨는 법률적인 지식이 풍부하고 현 사안에 대해서 객관적인 시각을 보여 줄 수 있기 때문에 토론자로 적격이라고 봅니다.

◆ 연습해 봅시다

1) 가: 한국의 유명한 화가이자 수필가이며 과감한 색깔을 사용한 그림 <장미와 여인>을 그린 사람은 누구일까요?
나: 천경자요! 그런데 작품 이름이 왜 <장미와 여인>이에요?
가: 꽃과 여인이 그림의 주제여서 붙여진 이름이래요.

2) 가: 영국의 유명한 극작가이자 시인이며 감미롭고 비극적인 희곡 <로미오와 줄리엣>을 쓴 사람은 누구일까요?
나: 셰익스피어요! 그런데 작품 이름이 왜 <로미오와 줄리엣>이에요?
가: 원수의 집안에서 태어난 두 사람의 사랑 이야기여서 붙여진 이름이래요.

15-2 현대 사회와 문화 콘텐츠

☆ 어휘1

① 기획 취지를 살리면서도 ② 대리 만족을 느끼는
③ 파급력이 커지자 ④ 협업해서
⑤ 제작 요청이 쇄도하는

☆ 어휘2

① 사로잡는 ② 흠잡을 ③ 마주잡 ④ 어림잡아서

◆ 문법

1) 가: 인류가 이렇게 발전할 수 있었던 이유는 여러 발명품 덕분인데요, 특별히 이것이 없었다면 인류가 지금처럼 발전하지 못했을 거라고 생각하는 발명품이 있나요?
나: 저는 바퀴야말로 인류 역사상 가장 위대한 발명품이라고 생각해요. 바퀴가 발명됨으로써 모든 이동 수단이 발전할 수 있었어요. 또 바퀴의 원리를 이용한 도르래 덕분에 어마어마한 무게를 들어 올릴 수 있었다고 생각해요. 바퀴는 지금의 인류를 있게 한 위대한 발명품이지요.

2) 가: 인류가 이렇게 발전할 수 있었던 이유는 여러 발명품 덕분인데요, 특별히 이것이 없었다면 인류가 지금처럼 발전하지 못했을 거라고 생각하는 발명품이 있나요?
나: 저는 시계야말로 인류 역사상 가장 위대한 발명품이라고 생각해요. 시계 덕분에 인류는 하루를 계산할 수 있게 되었고 하루 일과를 제어할 수 있게 되었다고 생각해요. 시계는 지금의 인류를 있게 한 위대한 발명품이지요.

3) 가: 인류가 이렇게 발전할 수 있었던 이유는 여러 발명품 덕분인데요, 특별히 이것이 없었다면 인류가 지금처럼 발전하지 못했을 거라고 생각하는 발명품이 있나요?
나: 저는 페니실린이야말로 인류 역사상 가장 위대한 발명품이라고 생각해요. 인류 최초의 항생제인 페니실린 덕분에 인간의 평균 수명이 늘어났다고 생각해요. 페니실린은 지금의 인류를 있게 한 위대한 발명품이지요.

4) 가: 인류가 이렇게 발전할 수 있었던 이유는 여러 발명품 덕분인데요, 특별히 이것이 없었다면 인류가 지금처럼 발전하지 못했을 거라고 생각하는 발명품이 있나요?
나: 저는 인터넷이야말로 인류 역사상 가장 위대한 발명품이라고 생각해요. 인터넷은 전 세계를 하나로 연결하는 정보의 바다여서 인터넷 덕분에 정보를 빠르게 처리하고 받아들일 수 있었다고 생각해요. 인터넷은 지금의 인류를 있게 한 위

대한 발명품이지요.

5) 가: 인류가 이렇게 발전할 수 있었던 이유는 여러 발명품 덕분인데요, 특별히 이것이 없었다면 인류가 지금처럼 발전하지 못했을 거라고 생각하는 발명품이 있나요?

나: 저는 숫자야말로 인류 역사상 가장 위대한 발명품이라고 생각해요. 숫자가 고도의 계산을 가능하게 해 줌으로써 컴퓨터와 휴대 전화 등 각종 첨단 기계를 발명할 수 있었다고 생각해요. 숫자는 지금의 인류를 있게 한 위대한 발명품이지요.

◆ 연습해 봅시다

1) 가: 최근에 유명 스타일리스트가 선보이는 옷이나 신발 등이 인기를 끌고 있더라고요. 스타일리스트가 추천하는 영상을 보고 저도 옷 한 벌 샀어요. 의류 회사 인터넷 사이트로 바로 연결되어서 살 수 있게 해 놓아서 편했어요.

나: 요즘 스타일 관련 영상 제작자들의 파급력이 커져서 의류 회사에서 협업하자는 요청이 쇄도한대요. 산업계와의 협업이야말로 요즘 영상 콘텐츠의 큰 흐름인 것 같아요.

가: 네, 지나친 상품 홍보라는 말이 많지만 소비자 입장에서는 전문가가 추천하는 마음에 드는 옷이나 신발을 편하게 구매할 수 있기 때문에 긍정적인 면이 커요.

2) 가: 최근에 유명 요리사와 식품 회사가 같이 개발한 간편 식품이 인기를 끌고 있더라고요. 현직 요리사가 제작한 요리 영상을 보는데 영상에 나오는 음식이 먹고 싶어져서 간편 식품으로 만든 걸 샀어요. 재료를 하나하나 따로 사서 요리하지 않아도 되어서 편했어요.

나: 요즘 요리 관련 영상 제작자들의 파급력이 커져서 식품 회사에서 협업하자는 요청이 쇄도한대요. 산업계와의 협업이야말로 요즘 영상 콘텐츠의 큰 흐름인 것 같아요.

가: 네, 지나친 상품 홍보라는 말이 많지만 소비자 입장에서는 전문가가 추천하는 먹고 싶은 음식을 편하게 구매할 수 있기 때문에 긍정적인 면이 커요.

◆ 복습

1. ① 쇄도하 ② 감미로운 ③ 사로잡았다
④ 어림잡아 ⑤ 선풍적 ⑥ 간결한
⑦ 구현한 ⑧ 흠잡을 ⑨ 친숙한

2. ① 전 국무총리이자 현 국회의원 ② 도덕성이야말로

16-1 언어의 이질성

☆ 어휘1

① 순화 ② 남용 ③ 장벽이 ④ 발족 ⑤ 수립

☆ 어휘2

① 왈가왈부 ② 호형호제 ③ 자화자찬을
④ 막상막하였다

◆ 문법

1) 문을 잠그고 자리를 비우기 일쑤예요.

2) 물건을 옮기다가 음료수병을 깨기 일쑤예요.

3) 주문을 잘못 입력해서 계산이 틀리기 일쑤예요.

4) 차가 막혔다고 핑계를 대며 지각하기 일쑤예요.

5) 연락도 안 하고 무단으로 결근하기 일쑤예요.

◆ 연습해 봅시다

1) 가: 새터민들이 한국에 정착하며 살기가 쉽지 않을 것 같은데 어떤 어려움이 있습니까?

나: 저는 한국에 온 지 3년이 되었는데 아직도 모르는 말이 많아서 대충 짐작하면서 지냅니다. 보통 외래어 때문에 그렇습니다. 그래서 마트에 가면 사고 싶은 물건이 있어도 이름을 몰라서 한참을 찾아 헤매기 일쑤이고 사지 못하고 올 때도 있습니다.

2) 가: 새터민들이 한국에 정착하며 살기가 쉽지 않을 것 같은데 어떤 어려움이 있습니까?

나: 대학교에 다닐 때 같은 과 여학생한테 '새침떼기'라고 말했더니 그 여학생이 자기를 '새침떼기'라고 불러서 기분이 안 좋다고 하더라고요. 당황스러웠습니다. 북한에서는 '새침떼기'가 예쁘고 애교가 많은 여자들에게 쓰는 칭찬이거든요. 이렇게 단어를 잘못 써서 오해를 받기 일쑤입니다.

16-2 분단과 통일

☆ 어휘1

1) 휴전선 2) 판문점 3) 대북 제재 4) 남북 정상 회담
5) 포용 정책

☆ 어휘2

① 당당히 2) 가지런히 ③ 신중히 ④ 은근히

◆ 문법

1) 가: 대통령이 여론에 좀 더 귀를 기울이면 좋으련만 국민들과 소통을 하지 않으니 앞으로 지지율이 더 떨어질 수도 있을 것 같아요.

2) 가: 요즘 집값이 계속 상승해서 걱정입니다.

나: 부동산 보유세를 높이면 집값을 안정화시킬 수 있으련만 집을 소유한 사람들의 반발이 예상되기 때문에 쉽게 보유세를 높이지 못하니까 계속 집값이 상승할 수 밖에 없지요.

3) 가: 사람들이 거주할 목적으로 집을 구입하면 좋으련만 투기의 목적으로 구입하니까 앞으로 집값이 더 오를 수도 있을 것 같아요.

4) 가: 요즘 취업률이 계속 감소해서 걱정입니다.

나: 구직자들이 대기업뿐만 아니라 건실한 중소기업에도 많이 지원하면 좋으련만 다들 대기업에만 입사하려고 하니 취업의 문턱이 점점 높아질 수밖에 없지요.

5) 가: 대기업과 중소기업의 임금 격차가 줄고 중소기업의 근무 여건도 개선되면 좋으련만 해마다 임금 격차가 커지고 근무 여건도 개선되지 않고 있으니 다들 대기업에 취업하려고 하지요. 앞으로 취업률이 더 떨어질 수도 있을 것 같아요.

◆ 연습해 봅시다

1) 가: 한반도가 분단되어서 남북한이 겪는 어려움에는 어떤 것들이 있어요?

나: 북한은 대북 제재로 힘들고 남한은 국방비로 너무 많은 돈을 쓰고 있어요. 통일이 되어서 남한의 기술과 자본에 북한의 풍부한 자원이 결합되면 놀라운 경제 발전을 이룰 수 있으련만 지금은 휴전선이 가로막혀 있어서 경제적으로 남북한이 모두 어려운 점이 있어요.

가: 통일 비용 때문에 경제적인 측면에서는 통일에 대해 부정적이었는데 듣고 보니 긍정적인 면도 많을 것 같네요.

2) 가: 한반도가 분단되어서 남북한이 겪는 어려움에는 어떤 것들이 있어요?

나: 반세기가 넘는 동안 고향에 가 보지 못한 사람들이 무수히 많아요. 통일이 되면 오랫동안 만나지 못했던 이산가족들이 자유롭게 왕래하고 함께 살 수 있으련만 지금은 휴전선이 가로막혀 있어서 가족들을 만나고 싶어도 만날 수가 없어요.

가: 이산가족들이 겪는 고통을 생각하면 하루빨리 통일이 되어야겠네요.

◆ 복습

1. ① 장벽이 ② 분단 ③ 염원이고 ④ 이산가족
⑤ 회담을 ⑥ 새터민 ⑦ 각별히 ⑧ 생소한
⑨ 실태를 ⑩ 동화

2. ① 좋으련만 ② 결렬되기 일쑤니까

17-1 환경 오염과 보호

☆ 어휘1

1) 대기 오염이 2) 수질 오염을 3) 토양 오염을
4) 삼림 황폐화를 5) 오존층 파괴로

☆ 어휘2

① 의구심이 ② 자존심이 ③ 경각심을 ④ 노파심

◆ 문법

1) 가: 우진아 올해도 이제 며칠 안 남았다. 시간 참 빠르다. 올해를 돌아보면 혹시 후회되는 일이 있어?

나: 회사에 다니면서 건강을 생각하지 않고 무리해서 일을 하다가 쓰러져서 입원한 적이있어

가: 지금은 괜찮아? 일만 하다가 건강이 상했으니 후회가 됐겠다.

나: 응. 조금 후회가 돼. 일을 열심히 하는 것도 좋지만 건강에 미리 신경을 썼던들 입원까지 해야 하는 일이 생기지는 않았을 텐데.

2) 가: 유키, 이제 며칠 후면 새해야. 시간 참 빠르다. 올해를 돌아보면 혹시 후회되는 일이 있어?

나: 대학원 입학 면저시험을 보는 날 편하게 가려고 택시를 탔는데 그 택시가 사고가 나서 면접장에 30분이나 늦게 도착한 일이 있었어.

가: 어머 어떡해? 그래서 면접시험은 어떻게 됐어?

나: 기회를 겨우 얻기는 했지만 늦은 것 때문에 더 긴장이 돼서 답변도 잘 못했어. 택시를 타지 않았던들 면접장에 늦지는 않았을 거야.

3) 가: 흐엉, 며칠 후면 벌써 새해야. 시간 참 빠르다. 올해를 돌아보면 혹시 후회되는 일이 있어?

나: 친구들이 주식 투자를 같이 하자고 해서 모아 놓은 돈으로 투자를 했어. 그런데 투자 종목을 제대로 알아보지 않고 투자를 했다가 50%나 손해를 봤어.

가: 그런 일이 있었어? 투자 종목을 제대로 알아보지 않은 게 후회가 됐겠다.

나: 응. 미리 정보를 알아보고 투자를 했던들 이렇게 큰 손해를 보지는 않았을 텐데.

4) 가: 리타오, 올 한 해 잘 보냈어? 지금 생각해 보면 후회되는 일은 없어?

나: 일기 예보를 확인하지 않고 등산을 하다가 폭설이 내려서 몇 시간 동안 고립되었던 적이 있어.

가: 그런 일이 있었구나. 다친 데는 없었어?

나: 응. 다행히 다친 곳은 없었어. 일기 예보를 미리 확인했던들 추운 날씨에 그런 고생을 하지 않았을 거야. 많이 후회가 돼.

5) 가: 민철아, 올 한 해 잘 보냈어? 지금 생각해 보면 후회되는 일은 없어?

나: 친구와 말다툼을 하다가 친구의 마음을 다치게 한 적이 있는데 내가 자존심 때문에 사과를 하지 않아서 사이가 멀어졌어.

가: 그런 일이 있었구나. 정말 후회되겠다.

나: 응. 내가 자존심을 생각하지 않고 그냥 사과를 했던들 이렇게 어색한 사이가 되지는 않았을 텐데.

◆ 연습해 봅시다

1) 가: 사람들이 환경 문제를 간과한 탓에 환경 문제가 정말 심각해졌어요. 이제는 환경 보호를 위해 개개인이 일상생활에서 실천할 수 있는 일부터 찾아서 환경 보호에 동참해야 해요. 저는 그동안 방마다 불을 켜 놓은 채로 생활하고 여름에는 에어컨도 온종일 켜 놓을 때가 많았어요. 이런 생활 습관부터 고쳐야겠어요.

나: 맞아요. 전기를 생산할 때 사용하는 화석 연료는 연소되면서 이산화 탄소를 배출하는데 이 이산화 탄소는 지구 온난화의 원인이 돼요.

가: 좀 더 일찍 전기를 절약하는 습관을 생활화하고 고효율 전구와 가전제품을 사용했던들 환경 오염이 이렇게 심해지지 않았을 거예요.

나: 지금부터라도 열심히 실행에 옮겨 봅시다.

2) 가: 세계 곳곳에서 기상 이변으로 인해서 해수면 상승, 삼림 황폐화 등 재해가 발생하고 있어요. 이제 경각심을 가지고 환경 보호에 적극 동참해야 해요. 저는 그동안 샴푸나 린스, 주방세제 등 합성 세제를 너무 많이 사용해 왔는데 이런 생활 습관을 고쳐야겠어요.

나: 맞아요. 합성 세제에서 나오는 유해 성분이 수질 오염의 원인이 되거든요.

가: 좀 더 일찍부터 가능하면 친환경 제품을 사용하고 합성 세제를 사용할 때는 적정량을 사용했던들 조금이나마 환경 보호에 도움이 됐을 텐데요.

나: 지금부터 실천에 옮기면 되지요.

17-2 환경 문제와 자원

☆ 어휘1

① 태양열 ② 풍력 ③ 수력 ④ 바이오 ⑤ 지열

☆ 어휘2

① 들여다봤다 ② 돌아다봤다 ③ 올려다볼 ④ 내다보는

◆ 문법

1) 가: 요즘 사무실 분위기가 안 좋은 것 같아요. 직원들끼리 무슨 일이 있었어요?

나: 얼마 전에 직원들 간의 친목을 도모한답시고 사장님이 단합 대회를 개최했는데 축구 경기를 하다가 직원들끼리 시비가 붙어서 분위기가 더 나빠졌어요. 단합 대회를 안 했더라면 이렇게 사이가 나빠지지 않았을 텐데.

2) 가: 요즘 우진 씨가 피곤해 보여요. 무슨 일 있어요?

나: 우진 씨가 편하게 출퇴근한답시고 자동차를 샀는데 길이 막혀서 출퇴근이 더 힘들어졌대요. 다시 대중교통으로 출퇴근해야겠다그 하더라고요.

3) 가: 하늘 씨는 아직도 일을 못 끝냈대요?

나: 네. 하늘 씨가 사내 신제품 디자인 공모에 참가한답시고 하루 종일 그림만 그리다가 정작 맡은 일은 제시간에 못 끝냈대요. 그래서 지금 하늘 씨는 야근을 하고 있대요.

4) 가: 윤아 씨가 요즘 몸이 안 좋다면서요?

나: 네. 윤아 씨가 점심값을 아낀답시고 편의점 김밥만 먹다가 건강이 나빠져서 병가를 낼까 생각 중이래요.

5) 가: 신입 사원이 입사하자마자 맡은 일이 정말 많은가 봐요. 바빠 보여요.

나: 노라 씨가 신입 사원을 도와준답시고 이것저것 회사 일을 가르쳐 줬는데 잘못 가르쳐 줘서 결국 신입 사원의 일이 두 배로 늘었대요.

◆ 연습해 봅시다

1) 가: 요즘 자원 고갈 문제는 우리 사회가 직면한 현안이에요. 사람들이 나무를 너무 많이 베어서 삼림이 파괴되고 있다는 기사를 보고 저의 행동을 돌아봤어요. 얼마 전에 저는 좋은 논문을 쓰겠답시고 욕심을 내서 많은 자료를 모두 인쇄 했어요. 하지만 너무 양이 많아서 결국 다 읽지 못했어요. 앞으로는 꼭 필요한 부분만 인쇄하는 습관을 들이고 인쇄를 할 때도 이면지를 활용해야겠어요. 그리고 되도록 전자책을 이용하려고 해요.

2) 가: 물 부족 문제를 겪는 나라들이 증가하고 있대요. 이제부터라도 미래를 내다보고 물을 아껴 써야 해요. 그동안 저도 목욕할 때 깨끗하게 씻는답시고 샤워기를 계속 틀어 놓곤 했어요. 이제부터는 '나 하나쯤이야'라는 생각 보다 '나부터'라는 생각을 가지고 물을 아껴 써야겠어요.

◆ 복습

1. ① 현안으로 ② 지구 온난화를 ③ 직면한
④ 공존 ⑤ 내다보 ⑥ 미래 에너지
⑦ 태양열 ⑧ 풍력 ⑨고갈

2. ① 만든답시고 ② 조성했던들

18-1 한국 문학의 이해

☆ 어휘1

① 고전 문학과 ② 창작 ③ 본격화 ④ 풍자하
⑤ 저항하는

☆ 어휘2

① 개천에서 용 났다 ② 송충이는 솔잎을 먹어야 산다
③ 달면 삼키고 쓰면 뱉는다

◆ 문법

1) 나: 주제를 명확하게 제시하게. 내용 전개도 체계적이어야 하네.

2) 가: 발표지를 만들 때는 어떤 점이 중요합니까?

나: 정확한 어휘와 문법을 사용해서 작성하게. 발표지의 형식도 중요하네.

3) 가: 자료를 준비할 때는 어떤 점이 중요합니까?

나: 시각 자료를 신경 써서 준비하게. 자료의 출처를 반드시 밝혀야 하네.

4) 가: 진행면에서는 어떤 점이 중요합니까?

나: 발표 시간 배분을 잘하게. 예상 질문에 대한 대답도 준비해야 하네.

5) 가: 그 외에 주의할 점이 있으면 말씀해 주십시오.

나: 발표하면서 청중의 반응이 어떤지도 살펴보게. 발표할 때의 표정과 시선도 적절해야 하네.

◆ 연습해 봅시다

1) 가: 어느 작가에 대해서 논문을 쓰려고 하나?

나: 이육사에 대해서 쓸까 생각 중입니다.

가: 훌륭한 작가지. 그럼 이육사의 '꽃'을 한번 읽어 보게. 의지적이고 확신에 찬 어조로 시인의 저항 정신을 잘 형상화했다네. 읽어 보면 자네가 논문을 쓰는 데 도움이 될 걸세.

2) 가: 어느 작가에 대해서 논문을 쓰려고 하나?

나: 김애란에 대해서 쓸까 생각 중입니다.

가: 훌륭한 작가지. 그럼 김애란의 '도도한 생활'을 한번 읽어 보게. 2000년대를 살아가는 20대 젊은이의 궁핍한 현실을 감각적이고 구체적으로 형상화했다네. 읽어 보면 자네가 논문을 쓰는 데 도움이 될 걸세.

18-2 한국 미술의 이해

☆ 어휘1

① 패기 있 ② 온화하 ③ 조각 ④ 정교한
⑤ 귀족적

☆ 어휘2

① 불어난 ② 우러난다며 ③ 밀려나 ④ 드러난

◆ 문법

1) 나: 제가 일이 서툴러서 똑같은 질문을 몇 번이나 했는데도 처음 듣는다는 듯이 자세히 설명해 주셨어요.

2) 가: 박 과장님은 부하 직원이 실수를 해도 그건 별일 아니라는 듯이 웃으면서 넘기신대요.

3) 나: 이 과장님은 상사가 농담을 하면 재미있다는 듯이 항상 큰 소리로 웃어 주시니까 상사들이 좋아해요.

4) 가: 박 과장님이 직원 집들이에 가서 음식을 먹을 때 맛있다는 듯이 많이 드셨어요.

5) 나: 이 과장님은 동료가 고민을 이야기하면 공감한다는 듯이 맞장구를 잘 쳐 주시니까 고민 상담을 하러 가는 직원들이 많아요.

◆ 연습해 봅시다

1) 가: 이 도자기는 조선 시대 청화 백자인 백자 청화매조죽문 항아리예요. 조선 시대 백자는 화려하지 않지만 소박하고 친근감이 있으며 여백의 미를 느낄 수 있어요.

나: 새 한 마리가 날아가는 새를 향해 가지 말라는 듯이 울고 있네요.

가: 울고 있는 새를 안타깝다는 듯이 바라보고 있는 새도 있고요. 다양한 동작의 새를 생동감 있게 잘 표현하고 있어요.

2) 가: 이 그림은 민화인 까치 호랑이예요. 민화는 해학적이고 풍자적인 작품에서부터 종교적인 작품까지 다양해요.

나: 호랑이가 눈에 노란 불을 켜고 잡아먹겠다는 듯이 붉은 입을 벌리며 까치를 위협하고 있네요.

가: 하지만 까치도 무섭지 않다는 듯이 부리를 한껏 벌리고 꼬리를 높이 세우고 호랑이와 당당히 맞서고 있지요.

◆ 복습

1. ① 형상화한다 ② 구비 문학 ③ 전승되 ④ 창작한
⑤ 해학적인 ⑥ 거창한 ⑦ 온화한 ⑧ 저항하여
⑨ 밀려나 ⑩ 우러나는

2. ① 평가받고 있네. ② 끝나지 않았다는 듯이

19-1 세계 속의 기업

☆ 어휘1

① 국내 총생산이 ② 약화로 ③ 창출 ④ 침체를
⑤ 유입

☆ 어휘2

① 시시콜콜하 ② 바글바글했다 ③ 울렁울렁했다
④ 기웃기웃하며

◆ 문법

1) 가: 미래에는 어떤 산업이 유망할까요?

나: 고령 인구가 증가 추세여서 앞으로 관련 의료 산업이 발달할 듯싶어요.

2) 가: 미래에는 어떤 산업이 유망할까요?

나: 인류는 계속 편리하고 안전한 삶을 꿈꾸기 때문에 이를 실현시켜 줄 수 있는 산업이 발전할 듯싶어요.

3) 가: 미래에는 어떤 산업이 유망할까요?

나: 삶의 질과 건강에 대한 관심이 높아져 관련 산업이 지속적으로 성장할 듯싶어요.

4) 가: 미래에는 어떤 산업이 유망할까요?

나: 개인이 콘텐츠를 제작하고 방송하면서 1인 콘텐츠의 영향력이 커지고 있어서 관련 산업은 앞으로 더 번성할 듯싶어요.

5) 가: 미래에는 어떤 산업이 유망할까요?

나: 우주의 신비가 하나 둘씩 밝혀지고 있고 우주 자원에 관심이 있는 국가들이 많아서 관련 산업이 중요해질 듯 싶어요.

◆ 연습해 봅시다

1) 가: 이 휴대 전화기 생산 기업은 한국에서 매우 성공한 다국적 기업이에요.

나: 맞아요. 휴대 전화 분야를 잘 모르는 사람이어도 이 기업은 다 알아요.

가: 세련된 디자인과 감성이 넘치면서 소비를 자극하는 광고를 하는 데다가 사용하기 편리하고 다양한 기능을 갖춘 휴대 전화를 만든 것이 성공의 비결인 듯싶어요.

나: 저는 이 기업의 휴대 전화를 구입할 때 직원들이 박수를 쳐 주고 여러 가지 즐겁고 색다른 경험을 하게 해 준 게 정말 기억에 남아요. 이제 휴대 전화 구입부터 사용까지 휴대 전화가 하나의 문화가 된 것 같아요.

2) 가: 이 동영상 공유 서비스 운영 업체는 한국에서 매우 성공한 다국적 기업이에요.

나: 맞아요. 동영상을 잘 보지 않는 사람이어도 이 기업은 다 알아요.

가: 개인이 제작한 영상을 많은 사람과 공유하면 수익도 창출할 수 있고 다양한 콘텐츠를 통해 원하는 정보를 쉽게 취득할 수 있는 것이 성공의 비결인 듯싶어요.

나: 저는 이 업체의 서비스를 이용하면서 동영상 제작자와 서로 소통하게 되어서 나중에는 제작자의 영상에 출연도 하게 되었던 게 정말 기억에 남아요. 이제 동영상의 제작부터 공유까지 동영상이 하나의 문화가 된 것 같아요.

19-2 무역 협정과 세계

☆ 어휘1

① 무역 수지가 ② 흑자를 ③ 관세를
④ 세계 무역 기구 ⑤ 분쟁을

☆ 어휘2

① 세후 ② 선후를 ③ 추후 ④ 배후

◆ 문법

1) 가: 우리나라 피아니스트가 세계적인 피아노 경연 대회에서 우승한 이래 큰 인기와 명성을 얻고 전 세계를 순회하면서 연주회를 하고 있어요.

나: 저도 뉴스를 통해서 계속 소식을 듣고 있는데 여러모로 대단하더라고요.

2) 가: 우리나라 가수가 전통과 현대를 접목한 새로운 형식의 음악을 발표한 이래 뮤직비디오 동영상 조회 수가 20억 회를 넘었고 여러 방송에서 이 음악을 소개하고 있어요.

나: 저도 뉴스를 통해서 계속 소식을 듣고 있는데 여러모로 대단하더라고요.

3) 가: 우리나라 정치인이 26세의 젊은 나이에 국회의원이 된 이래

정치계에 신선한 바람을 일으키며 주로 청년들을 위한 법을 만들고 있어요.

나: 저도 뉴스를 통해서 계속 소식을 듣고 있는데 여러모로 대단하더라고요.

4) 가: 우리나라 영화감독이 국제 영화제에서 큰 상을 받은 이래 여러 매체에서 인터뷰 요청이 쇄도하고 있으며 감독의 모든 작품이 전 세계에서 개봉되고 있어요.

나: 저도 뉴스를 통해서 계속 소식을 듣고 있는데 여러모로 대단하더라고요.

5) 가: 우리나라 기업 최고 경영자가 외환 위기 속에서 사장으로 취임한 이래 경영 위기였던 기업을 회생시켜 다시 업계 1위 기업을 돌려놓았어요.

나: 저도 뉴스를 통해서 계속 소식을 듣고 있는데 여러모로 대단하더라고요.

◆ 연습해 봅시다

1) 가: 한국과 베트남이 자유 무역 협정을 맺은 이래 일상생활에서 휴대 전화와 옷 등의 베트남산 공산품을 쉽게 볼 수 있게 됐어요.

나: 맞아요. 확실히 소비자 입장에서는 선택할 수 있는 물건이 늘어났고 관세가 없어지면서 물건 가격도 인하되어서 좋은 점이 많아요.

2) 가: 한국과 미국이 자유 무역 협정을 맺은 이래 일상생활에서 쌀과 밀가루 등의 미국산 농산물을 쉽게 볼 수 있게 됐어요.

나: 맞아요. 확실히 소비자 입장에서는 선택할 수 있는 물건이 늘어났고 관세가 없어지면서 물건 가격도 인하되어서 좋은 점이 많아요.

◆ 복습

1. ① 유치를 ② 촉진과 ③ 부과 ④ 상호
⑤ 관세를 ⑥ 조정 ⑦ 유입 ⑧ 장치를
⑨ 추후

2. ① 바뀐 이래 ② 낮아진 듯싶어요.

20-1 첨단 과학과 생활

☆ 어휘1

① 인공 지능 기술은 ② 윤택하 ③ 나노 기술은
④ 정보 통신 기술은 ⑤ 유출되는

☆ 어휘2

① 덤벼들 ② 움츠러들 ③ 모여들
④ 누그러드니까 ⑤ 밀려들었다

◆ 문법

1) 가: 새로운 프로그램을 하나 기획해 봅시다. 먼저 어떤 형태로 방송을 진행하면 좋을지에 대해서 의견이 있으면 이야기해 주세요.

나: 생방송으로 진행을 해서 박진감 넘치고 예측 불가한 방송을 만들어 보는 건 어떨까요?

가: 음, 글쎄요. 작은 방송 사고가 발생했을 때는 사회자가 잠깐 동안은 시간을 끌어 줄 수 있다고 쳐도 큰 방송 사고가 발생했을 때는 막을 방법이 없어요.

2) 가: 새로운 프로그램을 하나 기획해 봅시다. 누구를 사회자로 섭외하면 좋을지 자유롭게 이야기해 주세요.

나: 요즘 최고의 주가를 올리고 있는 인지도 높은 유명인 사회자를 섭외하는 건 어떻습니까?

가: 섭외는 할 수 있다고 쳐도 바쁜 스케줄로 인해서 촬영 일정을 잡는 데 제약이 많을 거예요.

3) 가: 새로운 프로그램을 하나 기획해 봅시다. 어떤 사람들을 출연시키면 좋을지 자유롭게 이야기해 주세요.

나: 일반인을 현장에서 직접 섭외하는 건 어떨까요?

가: 시청자들의 관심을 끌 수는 있다고 쳐도 다양한 연령층을 즉석에서 섭외하기가 어렵고 섭외 자체가 쉽지 않은 날도 있을 거예요.

4) 가: 새로운 프로그램을 하나 기획해 봅시다. 어디에서 촬영하면 좋을지 자유롭게 이야기해 주세요.

나: 지하철역이나 공원 등 사람이 몰려 있는 장소를 옮겨 다니면서 촬영하는 건 어때요?

가: 날씨가 좋으면 촬영에 어려움이 없다고 쳐도 야외이니만큼 촬영이 어려운 날이 많을 것으로 예측됩니다.

5) 가: 새로운 프로그램을 어느 시간대에 방송하면 좋을까요?

나: 주말 저녁 황금 시간대로 편성하는 게 제일 좋지 않을까요?

가: 기획안이 좋다면 좋은 시간대에 편성이 된다고 쳐도 타 방송사들의 쟁쟁한 프로그램과 경쟁해야 해서 시청률이 잘 나오지 않을 가능성이 높아요.

◆ 연습해 봅시다

1) 가: 첨단 과학 기술로 만들어진 발명품들이 참 많은데 그중에서도 인터넷은 우리 인류의 삶을 정말 많이 바꿔 놓은 것 같아요. 인터넷은 전 세계 사람들을 가까워지게 하는 데 기여했어요. 우리들의 삶도 편리해졌고요. 집에서 버튼 하나만 누르면 뭐든지 할 수 있게 되었으니까요.

나: 맞아요. 하지만 인터넷의 발달로 인해서 많은 문제점도 생겼어요. 언제 어디서든지 정보 습득이 가능하며 모든 일처리를 빠르고 간편하게 할 수 있게 됐다고 쳐도 개인 정보 유출과 사생활 침해, 인간 소외 등의 다양한 문제점들을 야기했다는 점을 간과해서는 안 돼요.

2) 가: 첨단 과학 기술로 만들어진 발명품들이 참 많은데 그중에서도 다이너마이트는 우리 인류의 삶을 정말 많이 바꿔 놓은 것 같아요. 산업이 발달하고 도시화가 되는 데에 큰 기여를 했다고 할 수 있어요.

나: 네. 하지만 다이너마이트는 인류의 역사에 한 획을 그은 발명품인 동시에 수많은 사람들의 목숨을 잃게 만들었어요. 다이너마이트가 동굴을 뚫거나 땅을 뚫는 등 건물 시공을 좀 더 용이하게 만들었다고 쳐도 전쟁에 악용됐다는 점은 간과할 수 없죠.

20-2 융합의 시대

☆ 어휘1

① 결합을 ② 통합적 ③ 개발합니다
④ 고안하 ⑤ 구현합니다

☆ 어휘2

① 고급스러웠다　② 먹음직스러워　③ 요란스럽
④ 곤혹스러운

◆ 문법

1) 가: 요즘 화두는 단연코 대선이야. 선거에 대한 국민들의 관심도 많고 다양한 이력의 후보들이 각각의 강점들을 가지고 있어서 선거 결과가 궁금해. 한 야당 후보는 그의 행보가 예측을 벗어나서 사람들과 언론의 주목을 받고 있는 것 같아.

나: 맞아. 대기업 회장으로 만족할 법한데 국회 의원 선거에 출마했다는 점에서 이목이 더 집중되는 것 같아.

2) 가: 요즘 화두는 단연코 대선이야. 선거에 대한 국민들의 관심도 많고 다양한 이력의 후보들이 각각의 강점들을 가지고 있어서 선거 결과가 궁금해. 한 야당 후보는 그의 행보가 예측을 벗어나서 사람들과 언론의 주목을 받고 있는 것 같아.

나: 맞아. 유세장에 사람이 별로 없어서 연설을 금방 끝낼 법한데 몇 시간씩 연설을 해서 유권자들의 표를 많이 가져오고 있대.

3) 가: 요즘 화두는 단연코 대선이야. 선거에 대한 국민들의 관심도 많고 다양한 이력의 후보들이 각각의 강점들을 가지고 있어서 선거 결과가 궁금해. 한 야당 후보는 그의 행보가 예측을 벗어나서 사람들과 언론의 주목을 받고 있는 것 같아.

나: 맞아. 기자들로부터 예상치 못한 질문을 받으면 당황할 법한데 그런 기색을 감추고 오히려 미소를 짓는 모습이 방송에 나간 후 지지율이 높아지고 있대.

4) 가: 요즘 화두는 단연코 대선이야. 선거에 대한 국민들의 관심도 많고 다양한 이력의 후보들이 각각의 강점들을 가지고 있어서 선거 결과가 궁금해. 한 야당 후보는 그의 행보가 예측을 벗어나서 사람들과 언론의 주목을 받고 있는 것 같아.

나: 맞아. 소속 정당의 정책이면 무조건 따를 법한데 자신의 소신을 가지고 객관적으로 정책을 평가해서 유권자들의 마음을 움직이고 있대.

5) 가: 요즘 화두는 단연코 대선이야. 선거에 대한 국민들의 관심도 많고 다양한 이력의 후보들이 각각의 강점들을 가지고 있어서 선거 결과가 궁금해. 한 야당 후보는 그의 행보가 예측을 벗어나서 사람들과 언론의 주목을 받고 있는 것 같아.

나: 맞아. 평생을 금수저로 살았으니 서민들의 애환을 이해하지 못할 법한데 서민들의 편에 서서 서민들을 위한 법 제정을 위해 힘쓰겠다는 포부를 밝혀서 유권자들의 마음을 사로잡았대.

◆ 연습해 봅시다

1) 가: 제가 과학자라면 융합 과학 기술을 적용해서 기존의 손난로 기능을 향상시켜 보고 싶어요. 체온에 맞춰 온도가 자동으로 조절되는 손난로가 나왔으면 좋겠어요. 그동안 이런 손난로를 만들어 보자고 전문가들이 많이 이야기했을 법한데 아무래도 상용화하기가 쉽지 않은 것 같아요.

나: 그렇다면 공학과 자연 과학 분야에서 기술을 개발하고 사회 과학 분야에서 비용을 계산해서 상용화가 가능한지를 검토해야 할 거예요. 또한 충전을 해서 재사용할 수 있는 기능도 추가되면 좋을 것 같아요.

2) 가: 제가 과학자라면 융합 과학 기술을 적용해서 기존의 칠판 기능을 향상시켜 보고 싶어요. 눈의 피로를 덜 느끼게 하는 색의 칠판이 나왔으면 좋겠어요. 누군가 벌써 만들었을 법한데 아직 많은 사람들의 관심을 못 받고 있는 것 같아요.

나: 그렇다면 생명 과학 분야 분야에서 인간이 피로를 덜 느끼는 색에 대한 연구가 이루어져야 해요. 공학 분야에서는 기술 개발도 해야 하고요. 그리고 사회 과학 분야에서도 심리학적 연구가 진행되어야 할 것입니다. 버튼 하나만 누르면 저절로 지워지는 기능도 추가되면 좋을 것 같아요.

◆ 복습

1. ① 도래를　② 인공 지능　③ 열을 올리
④ 실용화　⑤ 시행착오를　⑥ 융합
⑦ 첨단 과학 기술이　⑧ 구현　⑨ 모여들어

2. ① 볼 법한　② 윤택해진다고 쳐도

연습 문제 답안

11-1 세계의 유산

☆ 어휘

1. 1) 어마어마한　2) 첨탑이　3) 가지런히
   4) 어우러지는　5) 운치를

-더라니

1.

보기	결국 병원에 갔다 왔구나.	어쩐지 벽에 못이 안 박히다.
1)	출근 시간에 접촉 사고가 났어.	아침에 집에서 나올 때 뭔가 허전하다.
2)	아, 휴대폰이 없네.	어제 많이 먹다.
3)	이게 콘크리트 벽이라고요?	어쩐지 꿈자리가 뒤숭숭하다.
4)	둘이 몸싸움까지 했다고?	볼 때마다 손님들이 줄을 서 있다.
5)	여기가 유명한 맛집이었군요.	평소에 영수의 말이 거칠다 싶다.

1) 출근 시간에 접촉 사고가 났어. 어쩐지 꿈자리가 뒤숭숭하더라니.
2) 아, 휴대폰이 없네. 아침에 집에서 나올 때 뭔가 허전하더라니.
3) 이게 크리트 벽이라고요? 어쩐지 벽에 못이 안 박히더라니.
4) 둘이 몸싸움까지 했다고? 평소에 영수의 말이 거칠다 싶더라니.
5) 여기가 유명한 맛집이었군요. 볼 때마다 손님들이 줄을 서 있더라니.

2. 1) 건축미가 뛰어나더라니.
   2) 명품이라고 턱없이 비싸더라니.
   3) 물을 너무 자주 주는 것 같더라니.
   4) 어쩐지 가방 가격이 너무 저렴하더라니.
   5) 영하의 날씨에 얇은 옷을 입고 다니더라니.

11-2 전통의 재창조

☆ 어휘

1. 1) 들썩거리　2) 한바탕　3) 거듭났다
   4) 흥이　5) 접목

-음으로써/ㅁ으로써

1. 1) 지하철역에 공기 정화 시설을 설치함으로써 미세 먼지 걱정을 덜어드리겠습니다.
   2) 옥수수로 만든 컵을 사용함으로써 플라스틱 사용을 줄일 수 있다.
   3) 한 가지 사업에 집중적으로 투자함으로써 그룹의 핵심 역량을 끌어올리고자 합니다.
   4) 최첨단 검사 장비를 도입함으로써 정확하고 빠른 진단이 가능해졌다.
   5) 배우는 다양한 배역을 소화함으로써 연기력을 인정받을 수 있다.

2. 1) 전기 차를 운전해 봄으로써
   2) 캠페인을 벌임으로써
   3) 노인들을 참여시킴으로써
   4) 작은 정성이지만 음식을 함께 나눔으로써 어르신들께서 따뜻한 명절로 기억하셨으면 하는 마음입니다.
   5) 형편이 어려운 기초 과학 전공자들을 지원함으로써 한국의 기초 과학 기술 수준을 높이고자 합니다.

12-1 한국의 기후

☆ 어휘

1. 1) 수확량은　2) 위도가　3) 다습한
   4) 최적　5) 비옥해서

-는/은/ㄴ 까닭에

1. 1) 정부가 늑장 대응을 한 까닭에 산불이 걷잡을 수 없이 확산됐습니다.
   2) 서로를 이해하려는 대화가 부족한 까닭에 세대 간 갈등이 심해지고 있다.
   3) 회사 사정이 안 좋은 까닭에 직원들의 사기가 떨어지고 있습니다.
   4) 자기 중심적으로 행동하는 까닭에 주변에 남아나는 친구가 없다.
   5) 입시 제도가 해마다 바뀌는 까닭에 학생 1인당 사교육비 지출이 늘어났다.

2. 1) 살아온 배경이 서로 다른 까닭에
   2) 물가는 점점 비싸지고 경쟁은 심해지는 까닭에
   3) 요즘은 개인의 삶을 더 중요시하는 까닭에
   4) 인구가 줄어드는 까닭에 국민 총생산도 감소할 것이고 결국에는 국가 경쟁력이 약화될 것입니다.
   5) 인터넷이 발달한 까닭에 책을 잘 안 읽어서 그렇대요.

12-2 기후 변화

☆ 어휘

1. 1) 말미암아　2) 속출　3) 폭염이
   4) 기후 변화로　5) 예견

-으려니/려니

1.

보기	쥐꼬리만 한 월급으로 다섯 식구를 부양하다	피가 거꾸로 솟는 것 같았다.
1)	후배의 건방진 행동을 보고도 참다	입이 떨어지지 않더라고요.
2)	이해도 못한 채 무턱대고 책을 외우다	입에 풀칠하기도 힘드네요.
3)	드라마를 찍는 데 톱스타를 여러 명 섭외하다	매년 엄청난 금액의 유지비가 든다고 해요.
4)	이십 년간 같이 일한 사원에게 사직을 권고하다	제작비가 감당이 안 될 것 같다.
5)	어마어마한 면적의 국립 공원을 관리하다	당연히 학습 능률이 안 오르지.

1) 후배의 건방진 행동을 보고도 참으려니 피가 거꾸로 솟는 것 같았다.
2) 이해도 못한 채 무턱대고 책을 외우려니 당연히 학습 능률이 안 오르지.
3) 드라마를 찍는데 톱스타를 여러 명 섭외하려니 제작비가 감당이 안 될 것 같다.
4) 이십 년간 같이 일한 사원에게 사직을 권고하려니 입이 떨어지지 않더라고요.
5) 어마어마한 면적의 국립 공원을 관리하려니 매년 엄청난 금액의 유지비가 든다고 한다.

2. 1) 어제 밤을 새우고 오늘도 일하려니
2) 이윤을 많이 남기고 가격 경쟁력을 높이려니
3) 그동안 적성에 안 맞는 공부를 하려니
4) 막상 그만두려니 생계가 걱정되고 앞길이 막막하더라고.
5) 재정 악화 상황을 타개하려니 특단의 결단을 내려야 했을 것 같아요.

13-1 현대 사회와 인간

☆ 어휘

1. 1) 빈번하 2) 근시안 3) 안전망을
4) 미흡 5) 소외된

-는/은/ㄴ 탓에

1. 1) 정부가 외국인 투자를 과도하게 규제하는 탓에 외국인 투자자들이 한국을 떠나고 있다.
2) 폭염 때문에 전력 소비량이 급증한 탓에 에너지 효율이 낮은 가전 제품 구매를 꺼리고 있어요.
3) 심판이 편파 판정을 한 탓에 우리나라 선수가 금메달을 따지 못했다.
4) 기름을 싣고 가던 배가 침몰한 탓에 해양 오염이 심각해졌습니다.
5) 이상 고온 현상으로 겨울 날씨가 따뜻한 탓에 겨울 축제들이 취소됐다.

2. 1) 큰 부상을 입은 탓에
2) 문제가 해결되지 못한 탓에
3) 요즘 날씨가 건조한 탓에
4) 인터넷에서 물건을 사는 것이 더 저렴한 탓에 사람들이 백화점에서 사지 않고 인터넷에서 사는 것 같아요.
5) 공부를 충분히 하지 못한 탓에 시험을 못 봤어요.

13-2 미래 사회의 모습

☆ 어휘

1. 1) 멸종 2) 비극 3) 상반된 4) 진화 5) 암울할

이중부정

1. 1) 박 감독이 한국 축구의 발전에 큰 기여를 했다는 것을 인정하지 않을 수 없다.
2) 비밀번호를 아무리 복잡하게 설정한다고 하더라도 유출될 가능성이 없지는 않다.
3) 직접 키우지 않았어도 낳았으니까 부모가 아니라고 할 수 없다.
4) 큰 시험을 앞둔 수험생은 스트레스를 받지 않을 수 없다.
5) 아이가 아무리 독립적인 성격이더라도 부모의 영향이 없을 수 없다.

2. 1) 인공 지능의 진화가 계속되지 않을 수 없기 때문에
2) 미숙함이 없지는 않겠지만
3) 수술을 하게 되면 수술 부작용이 없을 수 없어요.
4) 스무 살이 넘어서 외국어를 배우면 실력이 느는 데에 한계가 없지는 않을 거예요. 하지만 노력하면 원어민과 비슷하게 할 수 있을 거라고 생각해요.
5) 친구가 아니라고 할 수는 없지만 그렇다고 아주 친한 사이도 아닙니다.

14-1 한국의 전통 윤리

☆ 어휘

1. 1) 안목이 2) 고리타분하 3) 정진하
4) 공경과 5) 고스란히

-겠거니 하다

1. 1) 처음에 설명했으니까 알고 있겠거니 하고 다시 설명하지 않았어요.
2) 좀 쉬면 목 상태가 좋아지겠거니 했는데 더 안 좋아졌어요.
3) 회의가 끝났겠거니 하고 노크도 안 하고 문을 벌컥 열었다.
4) 여권이 가방에 들어 있겠거니 했는데 없어서 너무 당황스러웠어요.
5) 불고기 맛이 다 거기에서 거기이겠거니 했는데 오늘 먹은 건 색다른 맛이었어요.

2. 1) 피곤하겠거니 하고 안 깨웠어.
2) 쉽겠거니 하고 보고 있는데 쉽지 않네요.
3) 잘 따라오고 있겠거니 했는데
4) 값이 싸서 큰 효과는 없겠거니 했는데 괜찮던데요.
5) 방바닥에 있길래 쓰레기이겠거니 하고 그냥 버렸어.

14-2 현대인의 가치관

☆ 어휘

1. 1) 연연하　　2) 정립하는　　3) 과감히
   4) 떠다니　　5) 길잡이가 되

-을/ㄹ 바에야

1. 1) 말도 안 되는 변명을 할 바에야 아예 아무 말도 하지 않는 게 나아.
   2) 한두 달 일하다가 그만둘 바에야 시작도 하지 마세요.
   3) 적성에 안 맞는 일을 할 바에야 백수로 지내는 게 낫지.
   4) 도와주고 그렇게 생색을 낼 바에야 도와주지 마라.
   5) 불편한 사람과 식사를 할 바에야 한 끼 굶는 게 나아.
2. 1) 수리비로 큰돈을 쓸 바에야
   2) 계속 걱정할 바에야
   3) 계속 신경을 쓸 바에야
   4) 영수한테 물어볼 바에야 인터넷을 찾아보면서 내가 하는 게 낫지.
   5) 계속 계파 싸움을 할 바에야 갈라서지.

15-1 창조와 예술

☆ 어휘

1. 1) 영감을　　2) 구현한　　3) 아우르
   4) 회자되　　5) 과감한

이자

1. 1) 나에게 오피스텔은 집이자 사무실이다.
   2) 화장품 회사를 운영하는 박수영 씨는 유명한 사업가이자 방송인이에요.
   3) 내가 사는 동네는 이웃과 함께 삶을 즐길 수 있는 공간이자 평화롭고 인간미가 넘치는 안식처이다.
   4) 대통령은 한 나라의 수장이자 한 가정의 가장으로서 모범적인 모습을 보여 왔습니다.
   5) 연예인 매니저는 연예인의 비판자이자 조력자예요.
2. 1) 나라의 현재이자 미래인
   2) 유명한 가수이자 환경 운동가인
   3) 큰 경험이자 교훈이
   4) 어머니는 저의 스승이자 친구이셨기 때문에 기록으로 남기고 싶었습니다.
   5) 여성 최초이자 최연소로 취임한 것이라고 들었어요.

15-2 현대 사회와 문화 콘텐츠

☆ 어휘

1. 1) 교감　　2) 누비　　3) 사로잡았다
   4) 친숙하　　5) 불러일으켰다

이야말로/야말로

1.

보기 1970년대	● ······ ●	한국이 큰 경제 성장을 이룬 시기였다.
1) 외국어 능력		성공의 비결이라고 할 수 있습니다.
2) 인성 교육		주식에 투자할 적절한 시기이다.
3) 꾸준한 노력		앞으로 성장 가능성이 큰 산업이다.
4) 미래 식량 산업		세계화 시대에 가장 요구되는 능력이에요.
5) 불황기		자라나는 아이들에게 꼭 필요한 교육이다.

1) 외국어 능력이야말로 세계화 시대에 가장 요구되는 능력이에요.
2) 인성 교육이야말로 자라나는 아이들에게 꼭 필요한 교육이다.
3) 꾸준한 노력이야말로 성공의 비결이라고 할 수 있습니다.
4) 미래 식량 산업이야말로 앞으로 성장 가능성이 큰 산업입니다.
5) 불황기야말로 주식에 투자할 적절한 시기이다.

2. 1) 성취감이야말로
   2) 경치야말로
   3) 보도 사진이야말로
   4) 도덕성이야말로 대통령이 꼭 갖추어야 할 덕목입니다.
   5) 소금이야말로 없어서는 안 되는 조미료이지요.

16-1 언어의 이질성

☆ 어휘

1. 1) 분단　　2) 심화　　3) 무안하
   4) 생소한　　5) 동화

-기 일쑤이다

1. 1) 동생은 책 읽기를 좋아해서 한번 책을 잡았다 하면 밤을 새우기 일쑤예요.
   2) 김 대리는 아이를 어린이집에 맡기고 오느라고 회사에 지각을 하기 일쑤예요.
   3) 회의 시간에 내 의견은 무시당하기 일쑤예요.
   4) 어릴 때 동생하고 싸워서 엄마한테 야단맞기 일쑤였어요.
   5) 옛날에는 전력 사정이 안 좋아서 정전이 되기 일쑤였어요.
2. 1) 커피 한 잔으로 때우기 일쑤예요.
   2) 회사 앞 정류장을 지나치기 일쑤예요.
   3) 처음에는 잘 못해서 음식을 먹다가 흘리기 일쑤였는데
   4) 밤늦게까지 게임하다가 엄마한테 혼나기 일쑤였어요.
   5) 생일이나 기념일은커녕 약속도 매번 잊어버리기 일쑤예요.

16-2 분단과 통일

☆ 어휘

1. 1) 뭉클했다 2) 무수히 3) 감당하
4) 염원 5) 국토

-으련만/련만

1. 1) 여름이면 노숙이라도 하련만 추운 겨울이라서 그럴 수도 없어요.
2) 아이를 봐 줄 사람이 있으면 나도 가련만 아이가 혼자 있어서 오늘은 못 가겠네요.
3) 돈이 있으면 작은 가게라도 하련만 형편이 안 되니 그럴 수도 없네요.
4) 사실대로 말했으면 좋았으련만 거짓말을 해서 일이 커졌어요.
5) 제가 끼어들지 않았으면 사고가 나지 않았으련만 빨리 가려다가 사고를 내고 말았어요.

2. 1) 시설을 확충하련만 아직은 때가 아닌 것 같아요.
2) 친구들이 한국에 있으면 도와 달라고 하련만
3) 한 살이라도 젊을 때 시작했으면 좋았으련만
4) 전염병 발생 초기에 환자들을 신속하게 격리 조치했으면 확산을 막을 수 있었으련만 지금은 힘들 것 같아.
5) 예산이 충분하면 지금이라도 당장 시행하련만 예산이 부족해서 시행을 늦추는 거예요.

17-1 환경 오염과 보호

어휘

1. 1) 공존이 2) 간과해서는 3) 방출해
4) 대기 오염은 5) 촉구

-었던들/았던들/였던들

1.

보기	피서객들이 안전 수칙을 준수하다	이렇게까지 건강이 나빠지지 않았을 텐데.
1)	문화재청이 문화재 관리에 소홀하지 않고 보존에 힘쓰다.	이번 경기는 이길 수 있었다.
2)	규칙적으로 운동도 하고 영양제도 챙겨 먹다	도난 사고가 생기지 않았을 것이다.
3)	우리 팀 선수가 반칙으로 퇴장을 당하지 않다	이렇게까지 훼손되지 않았을 텐데.
4)	방범 시설을 제대로 갖추다	해수욕장에서 인명 사고가 발생하는 일은 없었을 것이다.
5)	만일의 경우를 대비하여 보험을 들어 놓다.	지금처럼 사고를 당했을 때 병원비를 감당하기 힘들지 않았을 것이다.

1) 문화재청이 문화재 관리에 소홀하지 않고 보존에 힘썼던들 이렇게까지 훼손되지 않았을 텐데.
2) 규칙적으로 운동도 하고 영양제도 챙겨 먹었던들 이렇게까지 건강이 나빠지지 않았을 텐데.
3) 우리 팀 선수가 반칙으로 퇴장을 당하지 않았던들 이번 경기는 이길 수 있었다.
4) 방범 시설을 제대로 갖추었던들 도난 사고가 생기지 않았을 것이다.
5) 만일의 경우를 대비하여 보험을 들어 놓았던들 지금처럼 사고를 당했을 때 병원비를 감당하기 힘들지 않았을 것이다.

2. 1) 헬멧을 썼던들
2) 미리 태풍에 대비를 했던들
3) 일찍 와서 줄을 섰던들
4) 면접시험을 좀 더 잘 봤던들 합격했을 거예요.
5) 네. 차가 고장이 나지 않았던들 사고도 나지 않고 여행도 잘 했을 거예요.

17-2 환경 문제와 자원

어휘

1. 1) 터전을 2) 고갈이 3) 이목이
4) 직면할 5) 현안으로

-는답시고/ㄴ답시고/답시고

1. 1) 동생이 잠자리를 잡는답시고
2) 큰아버지께서 이 불경기에 사업을 한답시고
3) 반장은 1등을 했답시고
4) 반 친구가 멋있는 모습을 보여 준답시고
5) 룸메이트가 철 지난 옷을 정리한답시고

2. 1) 딸이 TV를 고친답시고
2) 영어 회화 실력을 기른답시고
3) 다이어트를 한답시고
4) 돈 좀 번답시고 물 쓰듯이 돈을 쓰고 다니다가 큰 빚을 졌대.
5) 친구가 이사를 도와준답시고 도자기를 나르다가 깨뜨렸어.

18-1 한국 문학의 이해

어휘

1. 1) 심혈을 2) 갈래 3) 집필
4) 거창해서 5) 시달리고

-하게체

1. 1) 자식들 공부시키고 결혼시키느라고 모아 둔 재산이 없네.
2) 자네 딸 결혼식 준비는 누가 하고 있나?
3) 자네가 갑자기 수술을 받았다는 소식을 듣고 많이 걱정했네.
4) 남의 험담하기를 좋아하는 사람들의 말은 무시하게.
5) 날씨가 좀 풀리면 우리 부서 사람들끼리 등산이라도 가세.

2. 1) 그동안 잘 지냈나?
2) 바쁘게 지내고 있네.
3) 사실 좀 놀랐네.
4) 꼭 연락하게.
5) 밥이나 먹으러 가세.

18-2 한국 미술의 이해

어휘

1. 1) 익살스러운 2) 예리한 3) 섬세한

4) 도회적 5) 지평을

-는다는/ㄴ다는/다는 듯이

1. 1) 동생이 짜증난다는 듯이 인상을 찌푸리더니 아무 말도 안하고 나가 버렸다.
   2) 아내는 너 말을 못 믿겠다는 듯이 신용카드 명세서를 다시 확인했어요.
   3) 아이가 먹고 싶다는 듯이 나를 쳐다보길래 남은 과자를 다 아이에게 줬어요.
   4) 학생들이 이해가 안 된다는 듯이 고개를 갸웃거렸어요.
   5) 큰 일이 생겨도 별일이 아니라는 듯이 어머니는 대범하게 행동하신다.

2 1) 재미있다는 듯이 웃어 드려.
   2) 매사가 귀찮다는 듯이
   3) 수업이 지루하다는 듯이
   4) 조금 전에 3층 계단 앞에서 봤는데 다급한 일이 있다는 듯이 막 뛰어 내려갔어요.
   5) 글쎄요, 자신 있다는 듯이 큰소리치고 갔는데 결과는 두고 봐야죠.

19-1 세계 속의 기업

어휘

1. 1) 구태의연한 2) 절세 3) 유치하려고
   4) 자국민을 5) 다국적 기업이

-는/은/ㄴ 듯싶다

1. 1) 선거에서 투표율이 낮은 걸 보면 정치에 대한 국민들의 불신이 깊은 듯싶습니다.
   2) 매일 하루도 빠지지 않고 체육관에 나와서 연습을 한 것이 김 선수의 성공 비결인 듯싶습니다.
   3) 최근 들어서 결혼이 가지는 사회적 의미가 크게 달라진 듯싶어요.
   4) 김수영의 소설은 우리 이웃과 같이 평범한 사람들의 모습을 자세히 담아 낸 듯싶다.
   5) 과학과 매체의 발달로 자고 일어나면 세상이 바뀌는 시대가 된 듯싶다.

2. 1) 진보 정당 후보가 당선될 듯싶어요.
   2) 화해를 안 한 듯싶어요.
   3) 충격이 큰 듯싶어요.
   4) 골프가 취미인 사람이 많아진 걸 보니까 골프가 대중화된 듯싶어요.
   5) 교수님이 저한테 편안하게 말씀하시는 걸 보니까 상태가 많이 호전되신 듯싶어요.

19-2 무역 협정과 세계

어휘

1. 1) 부과 2) 추후 3) 분쟁은
   4) 규약을 5) 상호

-은/ㄴ 이래

1. 1) 뮤지컬 '아리아'는 1990년 미국에서 처음 공연한 이래 전 세계 41개국을 돌며 관객들에게 깊은 감동을 주고 있습니다.
   2) 양배추로 만든 소화제가 출시된 이래 이를 모방한 다양한 제품이 쏟아져 나왔어요.
   3) 한국어학당은 1959년에 설립된 이래 현재 세계 각지에서 온 10만여 명의 졸업생을 배출했습니다.
   4) 김영수 씨가 사장으로 취임한 이래 회사의 영업 이익이 크게 올랐다.
   5) 얼굴 없는 천사가 3년 전 처음으로 3천만 원을 기부한 이래 해마다 불우 이웃 돕기 성금을 보내고 있다.

2. 1) 한국에서 아파트가 지어진 이래
   2) 올림픽에 처음 출전한 이래
   3) 야구 국가 대표 팀은 2015년에 우승을 차지한 이래
   4) 대통령으로 당선된 이래 가장 큰 상승폭을 기록했다고 들었어요.
   5) 3년 전 무역 협상이 결렬된 이래로 시작돼 점점 심화됐습니다.

20-1 첨단 과학과 생활

어휘

1. 1) 행성을 2) 탐사 3) 열을 올렸다
   4) 도래한 5) 발상

-는다고/ㄴ다고/다고 치다

1.

보기	정부가 내놓은 정책이 단기간에는 효과를 볼 수 있다	그렇지만 막대한 예산이 투입되는 문제에 대해서는 어떻게 생각합니까?
1)	미래에 인공 지능이 인간보다 더 정확하게 일을 처리하다	그래도 언제까지 지지를 받을지는 두고 볼 일이죠.
2)	유조선에서 유출된 기름을 빠른 시일 내에 걷어 내다	하지만 사이버 범죄 발생 및 개인 정보 유출 등의 문제점들이 기하급수적으로 늘고 있다.
3)	제주도에 가는 교통편은 어떻게든 구하다	그렇다고 해도 인간만이 할 수 있는 섬세한 작업들은 해 내기 어려울 거라고 봅니다.
4)	전자 거래가 우리 생활을 편리하게 해 줬다	그래도 오염된 바다가 정화될 때까지는 오랜 시간이 걸릴 것이다.
5)	김 장관은 언변이 뛰어나서 민심을 금방 사로잡다	그렇지만 성수기에 숙소를 구하기 어려울 것 같아요.

1) 미래에 인공 지능이 인간보다 더 정확하게 일을 처리한다고 쳐도 인간만이 할 수 있는 섬세한 작업들은 해 내기 어려울 거라고 봅니다.
2) 유조선에서 유출된 기름을 빠른 시일 내에 걷어 낸다고 쳐도

오염된 바다가 정화될 때까지는 오랜 시간이 걸릴 것이다.

3) 제주도에 가는 교통편은 어떻게든 구한다고 치지만 성수기에 숙소를 구하기 어려울 것 같아요.

4) 전자 거래가 우리 생활을 편리하게 해 줬다고 치지만 사이버 범죄 발생 및 개인 정보 유출 등의 문제점들이 기하급수적으로 늘고 있다.

5) 김 장관은 언변이 뛰어나서 민심을 금방 사로잡는다 쳐도 언제까지 지지를 받을지는 두고 볼 일이죠.

2. 1) 외국어 구사 능력을 기를 수 있고 다양한 경험을 할 수 있다고 쳐도

2) 돈을 풀면 단기간에 경기가 회복된다고 칩시다.

3) 한 번은 모르고 그랬다 생각하고 봐 준다고 칩시다.

4) 대출을 받아서 집을 산다고 쳐도 대출금을 갚을 능력이 되어야지.

5) 아무리 뛰어난 제빵 실력을 갖췄다 치더라도 빵집을 운영하기 위해서는 사업 수완도 좋아야 할 거야.

20-2 융합의 시대

☆ 어휘

1. 1) 비약적으로 2) 시행착오를 3) 융합
4) 실용화 5) 독자적

-을/ㄹ 법하다

1. 1) 팀원들이 모두 나서서 설명했으면 이해할 법한데 부장님은 여전히 못 알아들은 눈치예요.

2) 작년 실적으로 봐서는 김 대리가 승진될 법한데 이번 인사에서도 밀렸다더라.

3) 약을 일주일이나 먹었으니 나을 법한데 전혀 차도가 없다.

4) 많은 청중들 앞에서 연주를 하면 떨릴 법한데 정희는 어린 나이에 의외로 침착하게 잘하던데요.

5) 영수 씨는 회의 때마다 늦으면 당황할 법한데 매번 소란스럽게 들어와 자리에 앉더군요.

2. 1) 유명한 배우들이 출연했으니 많은 관심을 받을 법한데

2) 오늘 하루는 쉬실 법한데

3) 하루에 4시간씩이나 운동을 하면 살이 빠질 법한데 음식을 잘 조절하고 있는지도 한번 확인해 보세요.

4) 세일을 70%나 하면 손님들이 많이 올 법한데 경기가 정말 안 좋은가 봐요.

5) 네. 열심히 공부했으니 합격할 법한데 정말 안타까워요.

색인

어휘 색인

문법 색인

〈 사진 출처 〉
모나리자(pixabay.com)
김홍도 서당(국립중앙박물관)
신윤복 단오풍정(간송미술문화재단)
무용총수렵도(한국콘텐츠진흥원)
서산 마애 삼존 불상(문화재청)
석굴암(문화재청)
금관총 금관 및 금제 관식(문화재청)
청자 상감운학문 매병(문화재청)
개성 경천사지 십층석탑(국립중앙박물관)
나전흑칠산수문서함(이화여자대학교 박물관)
전 신사임당필 초충도(국립중앙박물관)
백자 청화매조죽문 항아리(문화재청)